LE RÉGIME CIVIL

EN ALGÉRIE.

Arras, typ. Schouthcer, rue des Trois-Visages, 53.

LE

RÉGIME CIVIL

EN ALGÉRIE

URGENCE ET POSSIBILITÉ

DE SON APPLICATION IMMÉDIATE

PRÉCÉDÉ D'UNE LETTRE

A MM. LES MEMBRES DU CORPS LÉGISLATIF

Défenseurs des intérêts algériens

PAR

ALEXANDRE DUVERNOIS

Ex-Interprète de l'Armée

Ex-S.-Chef de Bureau arabe civil.

PARIS

J. ROUVIER, Libre-Commre.

31, RUE DE BEAUNE.

ALGER

TISSIER, LIBRAIRE

RUE BAB-EL-OUED.

1865.

A

Messieurs Darimon, Dorian, Jules Favre, Glais-Bizoin, Guéroult, Havin, Hénon, Lanjuinais, J. Magnin, le duc de Marmier, Marie, Émile Ollivier, Eugène Pelletan, Ernest Picard & Jules Simon

DÉPUTÉS AU CORPS LÉGISLATIF

& signataires des Amendements déposés en faveur de l'Algérie, pendant la session de 1864.

Messieurs,

Si tout le monde consentait à vous suivre à la hauteur où vous vous placez pour envisager la question Algérienne, cette question pendante depuis tant d'années, serait bientôt tranchée.

Le Régime Militaire est-il ou n'est-il plus nécessaire? — Tel est le point unique sur lequel se consentrerait alors exclusivement le débat.

Et, comme, comparativement au Régime Civil qui représente la règle, le connu, l'état normal, le Régime Militaire c'est l'exception, l'inconnu, l'état anormal, il est hors de doute qu'on serait bientôt unanime à reconnaître la nécessité de substituer l'ordre à ce qui, relativement, est le désordre.

Malheureusement la routine, cette puissante ennemie de la raison, ne le veut pas ainsi.

La routine ne permet pas qu'on recherche d'où vient le Régime Militaire ni qu'on s'inquiète du point où il conduit. Elle entend, que de ce qu'il existe, on en conclue qu'il ne doit pas cesser d'exister. Elle n'autorise que les espoirs chimériques d'apporter un contre-poids à un pouvoir qui n'en saurait souffrir, de lui imprimer une direction qu'il ne saurait subir, d'exercer sur ses actes une influence à laquelle il a tous les moyens de se soustraire. Mais il y a plus encore sa pression ne porte pas seulement sur les masses, toujours un peu apathiques, mais elle s'appesantit encore et surtout sur nos conservateurs les plus ardents, c'est-à-dire sur les seuls de nos hommes politiques pour lesquels, en dehors d'un fâcheux état anormal, le système adopté en Algérie est la source d'un danger sérieux en ce qu'il a la démocratisation de l'armée pour une de ses plus inévitables conséquences.

Or, c'est dans le but de contribuer dans la faible limite de mes moyens à dégager le problême algérien des liens à l'aide desquels la routine le retient enchaîné sur le terre-à-terre des questions secondaires, que j'ai écrit les pages suivantes.

Mais, avec la pensée de les écrire, m'est venue celle de vous les communiquer : Je pourrais presque dire qu'elle n'ont été inspirées que par le désir de vous prêter des armes en faveur d'une des plus grandes causes que vous ayez entrepris de soutenir. Voilà pourquoi, Messieurs, je prends la liberté de vous les adresser.

Je serais heureux d'apprendre que vous y avez puisé quelque renseignement neuf et utile, mais en tous cas j'ai l'espoir que vous pardonnerez à ma hardiesse, en faveur de l'intention, et que vous voudrez bien me croire,

Messieurs,

Votre très-dévoué serviteur,

ALEXANDRE DUVERNOIS.

Paris, 15 *mars* 1865.

AUX LECTEURS.

Démontrer l'urgence, et la possibilité à la fois, de substituer immédiatement le régime civil au régime exceptionnel auquel l'Algérie est soumise, tel est, ainsi que l'indique son titre, le but que se propose la présente étude.

Le régime militaire n'est pas le résultat d'un plan longtemps discuté et froidement concerté, il est, ainsi que le déclarent eux-mêmes bon nombre de documents officiels, « né des circonstances » et essentiellement « provisoire ».

Il est « né des circonstances » c'est-à-dire qu'il s'est formé et élevé tout seul tandis que la France en était à se demander ce qu'elle ferait de sa conquête.

Il n'est que « provisoire » c'est-à-dire qu'il est appelé à être remplacé tôt ou tard par le régime civil, ou droit commun.

De ce qu'il est né des circonstances il en résulte forcément qu'il est rempli d'imperfections, car on ne coule pas d'un seul bloc tout un nouveau système d'institutions.

Et de ce qu'il n'est que provisoire il s'ensuit qu'il y a intérêt à abréger sa durée le plus possible, car il place fatalement administrateurs et administrés dans une situation anormale très-préjudiciable aux intérêts tant particuliers que généraux.

Par suite, si des actes peuvent être critiqués sans que leurs auteurs soient en droit de s'en trouver blessés, ce sont certes bien les actes des autorités algériennes, et si un pouvoir est appelé à voir contester l'opportunité de son existence, c'est certes bien le pouvoir algérien.

En somme enfin, et pour nous servir d'une comparaison prise dans un ordre de choses plus facilement saisissable, l'autorité militaire algérienne c'est le matelot qui a pris la barre du navire en l'absence du pilote : On lui sait grand gré de ses services, on ne saurait lui en vouloir de ses erreurs, mais il est permis, sans qu'il puisse s'en offenser, de désirer et même de chercher à précipiter le moment où il remettra la direction du navire à des mains plus exercées.

Au reste si jusqu'au moment où il a été arrêté que nous conserverions la colonie, on ne s'est pas préoccupé de la forme de gouvernement qui y prévalait, il n'en a pas été de même depuis, car dès cet instant au contraire on a songé à substituer l'état normal à l'état de choses anormal qui s'était insensiblement formé.

En effet, à partir de 1848 nous voyons déjà cette théorie recevoir un commencement d'application.

Dès cette époque, des lambeaux de territoire sont enlevés au régime militaire, pour former le noyaux de départements français qui sont dotés en partie des institutions de la métropole. Mais aussi dès cette époque commence une lutte entre les représentants des deux régimes appelés à fonctionner côte à côte.

Certainement le cas était difficile.

Fallait-il du jour au lendemain sur toute l'étendue de la colonie, et sans transition substituer un régime à l'autre ?

Fallait-il, ainsi qu'on l'a fait, se borner à abandonner au nouveau régime une portion de territoire qui serait progressivement augmenté ?

Enfin dans la deuxième hypothèse devait-on subordonner l'autorité militaire à l'autorité civile, ou bien celle-ci à celle-là, ou bien encore les rendre indépendantes l'un de l'autre ?

Des considérations, très-mesquines selon nous parceque nous les trouvons indignes d'une puissance aussi forte que la France, firent pencher la balance du côté des demi-mesures.

Il fut décidé que le régime civil mettrait le pied en Algérie, mais que le régime militaire ne reculerait que progressivement et en conservant la suprématie.

Au reste, dès l'instant ou on optait pour les demi-mesures, il n'y avait pas d'autre moyen de procéder.

En effet on ne pouvait, et l'expérience l'a plus d'une fois démontré depuis, ni subordonner l'autorité militaire à l'autorité civile, ni les rendre indépendantes l'une de l'autre — lorsque leurs territoires s'enchevêtraient l'un dans l'autre de toutes parts et n'étaient divisés que par des limites purement conventionnelles.

Mais ce n'en était pas moins se créer plus d'embarras, jeter dans la colonie une plus grande perturbation, la placer sous le corps d'un plus profond discrédit, que si, faute de l'énergie nécessaire pour pouvoir ou vouloir y apporter un changement radical, on eut conservé l'ancien état de choses.

En effet depuis 1848, on ne compte les années que par les chances diverses qui ont favorisé tour à tour dans leur lutte, aujourd'hui l'élément militaire, demain l'élément civil.

Et par le fait, ce mot seul *régime militaire,* plane toujours sur l'Algérie entière, en repousse plus que jamais l'émigration et les capitaux, ferme en grande partie un débouché important aux produits industriels de la métropole et plonge le pays dans une atonie très-préjudiciable aux intérêts qui s'y trouvent engagés.

Cependant, et bien que l'expérience, qui se fait depuis tantôt vingt ans, soit toute à l'avantage du régime civil, un état de choses aussi regrettable eut pu durer encore à la rigueur si un évènement inattendu ne semblait pas ne s'être produit que pour démontrer que rien ne justifie la fausse route dans laquelle nous nous sommes engagés.

Cet évènement c'est l'insurrection qui tient nos colons et nous-mêmes en émoi depuis une année.

En présence de cet évènement dont les causes paraissent inexplicables, n'est-on pas entraîné malgré soi à se demander si l'existence du régime militaire, existence essentiellement provisoire n'y doit pas trouver son terme naturel ?

Lorsque l'on voit : en territoire militaire l'insurrection

se produire sur plusieurs points, indépendants les uns des autres, embrasser des surfaces considérables, et tenir nos troupes en échec pendant une année entière, tandis que, sur le territoire civil les populations indigènes demeurent partout calmes et impassibles, n'est-on pas en droit de se demander si le décret du 8 Juillet dernier — un décret qui reprend au régime civil pour les donner au régime militaire toutes ces populations Arabes qui n'ont pas failli un seul instant — n'est pas précisément tout l'opposé de ce que semblent commander les circonstances ?

Or c'est là ce que nous nous sommes demandé, et pour trouver la réponse cherchée, voici comment nous procédons.

Nous examinons d'abord l'état exact des choses au moment actuel, en relevant autant que possible les causes qui semblent l'avoir produit, ce qui nous amène à constater l'intensité du mal et l'urgence de lui apporter remède.

Etudiant ensuite le régime militaire dans ses actes nous y trouvons que tout est factice, dans les résultats que cette dictature prétend obtenir à l'aide des moyens dont elle dispose, et que c'est au grand préjudice des intérêts indigènes eux-mêmes qu'elle leur sacrifie les intérêts français.

Nous nous demandons alors quels sont les intérêts et les obstacles qui peuvent en apparence militer en faveur du maintien d'un état de choses aussi peu satisfaisant, nous voyons qu'on ne peut invoquer qu'un seul intérêt : celui de l'armée, et un seul obstacle : l'élément indigène.

Nous prenons alors la question Algérienne au point de vue exclusif de l'intérêt de l'armée, c'est-à-dire absolument comme s'il était le seul en jeu ou devait les primer tous : Or, nous y trouvons que le rôle exceptionnel donné en Algérie à ceux de nos officiers qui sont forcément appelés à atteindre les sommités de la hiérarchie militaire, rôle qui a pour résultat de les initier à la vie politique, est non-seulement préjudiciable aux intérêts de l'armée en général, mais encore la plus grave des atteintes qu'il soit possible de porter aux bases, considérées jusqu'ici comme les plus fondamentales, de son organisation.

Passant ensuite à l'élément indigène, nous l'étudions sous le rapport de son état social, de son esprit religieux, de son caractère, de ses tendances, et nous voyons que sous toutes ses faces, on ne saurait lui trouver de meilleur terme de comparaison que le peuple israëlite, c'est-à-dire le peuple le plus facilement assimilable du monde entier.

Par le fait notre tâche se termine là, car enfin, si l'Algérie était déserte, ou habitée par d'inoffensifs Israëlites, et si l'armée était très-loin de se croire intéressée à partager sa vie entre le service militaire et le service administratif, quel autre mobile pourrait nous porter à renoncer bénévolement là-bas, aux garanties et aux bénéfices d'institutions que nous voulons conserver intactes ici ?

Cependant allant au devant d'une dernière objection — qui n'est pas plus sérieuse que les autres du reste, —

nous montrons ce qu'est l'administration civile algérienne actuelle et nous constatons que, énervée, étouffée comme elle l'est par la pression qu'exerce sur elle l'autorité militaire et par les profondes modications qu'on a fait subir à nos institutions civiles en leur faisant franchir la Méditerranée, elle ne peut donner qu'une idée très-imparfaite des résultats à attendre d'une assimilation politique complète de l'Algérie à la France. Ce qui ne nous empêche pas de noter en passant que, telle qu'elle est, elle montre déjà une grande supériorité sur sa rivale militaire.

Enfin nous nous croyons très-fondé à conclure alors de l'ensemble de ces études partielles qu'il est bien de toute urgence et très-possible à la fois de faire rentrer immédiatement l'Algérie sous le droit commun qui régit la métropole.

LE RÉGIME CIVIL

EN ALGÉRIE.

CHAPITRE PREMIER.

PÉRIL EN LA DEMEURE.

I.

COUP-D'ŒIL EN ARRIERE.

S'il est vrai qu'en politique erreur est synonime de crime, il faut reconnaître que notre conduite en Algérie a été et est encore bien criminelle, car on peut dire que le nombre de nos erreurs y égale, ou peut s'en faut, le nombre de nos actes. En effet, il ne faudrait que du temps et des volumes pour établir, par exemple, ce que fera sans doute un jour l'histoire, qu'à l'exception de celui qu'a occasionné la prise des villes, sièges du pouvoir Turc, tout le sang que nous avons répandu ou fait répandre en Algérie, doit être imputé à notre seule incurie.

Les limites restreintes assignées à cet ouvrage ne nous permettent pas de suivre pas à pas nos administrateurs militaires dans la longue suite de leurs fautes successives, mais il nous est possible du moins, avant d'en arriver à démontrer que ce n'est pas seulement d'aujourd'hui que colons et indigènes languissent sacrifiés à l'égoïsme d'une côterie, de rappeler d'abord en quelques lignes les plus capitales de ces fautes : celles qui ont le plus contribué à amener la situation déplorable dans laquelle est plongée la colonie.

Ce fut le lendemain de notre entrée à Oran et sous les murs de cette ville que nous nous trouvâmes pour la première fois directement en présence des Arabes.

Parmi ces Arabes il s'en trouva un qui plus hardi et plus audacieux que les autres, sut profiter du premier embarras dans lequel nous mettait la conquête, pour provoquer un soulèvement, non pas contre nous, il n'y pouvait songer encore, mais contre les tribus arabes qui avaient servi directement la domination turque et menaçaient de se mettre au service de notre cause. Cet arabe, c'était Ab-del-Kader.

Mais cet Ab-del-Kader alors très-chétif, avait un rude adversaire : Mustapha le commandant de ces mêmes tribus anciennement au service des Turcs.

Nos généraux avaient donc devant eux deux hommes différents : Ab-del-Kader et Mustapha. Parmi ces deux individus qui représentaient : le premier, la révolte et la révolte loin de nous, et le second, en quelque sorte le parti de l'ordre, notre choix ne pouvait être douteux. Cependant le croirait-on, au lieu de nous appuyer sur Mustapha qui ne demandait qu'à nous servir et devenir notre allié, nous repoussâmes ses offres et nous conclûmes avec Ab-del-Kader par l'intermédiaire du général Desmichels, un traité d'autant plus humiliant pour nous que les circonstances étaient loin de le rendre nécessaire ! (1)

(1) D'après la traduction, d'une des copies arabes, traduction qui a été publiée par M. le colonel Walsien Esterhazy dans son *histoire du makhzen d'Oran* (page 303), ce traité renfermait les articles suivants :

Art. 1er. Liberté entière est laissée aux musulmans. Toutes les mar-

C'est égal, dira-t-on, si cette erreur était des plus grossières, elle trouve du moins son excuse dans l'ignorance où était notre général, touchant le véritable état des hommes et des choses. Il ignorait la valeur dont pouvait être l'appui de Mustapha et il s'exagérait au contraire celle d'Ab-del-Kader.

Nous le voulons bien ; passe encore pour cette première faute d'autant plus que nous ne devions pas tarder à rencontrer les moyens de la réparer, d'autant plus enfin, que même avec notre traité dans ses mains, Ab-del-Kader était encore très-loin d'avoir fait un grand pas dans l'esprit des Arabes, qui ne pouvaient se résoudre à se plier sous le joug d'un des leurs. Mais que dira-t-on, de ce qui se passait quelques jours plus tard?

Mustapha furieux de voir ses offres de service repoussées et sa valeur méconnue, prend sur lui de faire nos affaires malgré lui. Il se met en guerre ouverte contre Ab-del-Kader, l'attaque, le poursuit à outrance et enfin dans une affaire décisive, dispersant ses troupes, il lui

chandises de guerre, telles que armes, poudre, et autres objets comme souffre salpêtre etc.

Art. 2. Le commerce qui se fera dans le port d'Arzeu sera à la main du prince des croyants, (Ab-del-Kader), en suivant pour toutes choses les usages des souverains d'autrefois. Il n'y aura de marché qu'à Arzeu. Quant à Mostaghanem et Oran, il n'entrera dans ces deux villes que ce qui peut suffire à la consommation ; personne ne pourra y faire le négoce, et tout individu qui voudra commercer sur le marché devra se rendre à Arzeu pour y charger son navire.

Art. 3. Le général rendra enchaîné tout individu qui ira de nous à lui, et il ne recevra pas chez lui ceux qui se seraient rendus coupables de quelque méfait.

Art. 5. Lorsqu'un musulman voudra entrer sur la terre de l'Islam, il ne sera porté aucun obstacle à sa sortie soit d'Oran soit de Mostaghanem.

. . . .

prend tout : tentes, musique, bagages, etc., etc., et ce n'est que porteur de ces trophées très-significatifs qu'il vient faire de nouvelles ouvertures au général Desmichels.

Que fait le général Desmichels : il répond à ces avances en *jettant en prison* les envoyés de Mustapha et en envoyant à Ab-del-Kader des consolations accompagnées de *400 fusils et d'une grande provision de poudre!* (1)

Mais enfin que dire, sinon:

Nous voulûmes qu'Ab-del-Kader fut, et Ab-del-Kader fut !

Au traité Desmichels qui n'était encore qu'un certificat de vie donné à Ab-del-Kader, vint bientôt se succéder le traité de la Tafna, qui devait imposer un maître aux populations arabes, et nous préparer de si grandes difficultés. — Ab-del-Kader grandit donc comme nous l'avions voulu, mais comme nous ne l'avions élevé que pour avoir le plaisir de le détruire, un jour vint où nous entreprîmes de le manger, non pas gloutonnement comme des gourmands, mais lentement et petit à petit, en fins gourmets.

Cependant tout a une fin, même le repas le plus artistement ménagé.

Un autre jour vint donc où Ab-del-Kader, bien qu'il fut encore debout, n'existait plus qu'à l'état de fantôme. La paix était partout. C'était le moment d'organiser fortement le pays, d'appeler la conquête morale à succéder à la conquête matérielle, mais nous n'en fîmes rien: Il était si bon de continuer, pour l'organisation de la paix,

(1) Colonel Walsien Esterhazy. *Histoire du makhzen d'Oran*, page 27.

l'exercice de cet absolutisme auquel on s'était habitué pendant la guerre! Aussi, les populations indigènes que nous harcelions plus impitoyablement encore pendant la paix que nous ne l'avions fait pendant la guerre, ne tardèrent-elles pas à se laisser entraîner dans cette immense insurrection de 1845 (1) qui compromit un instant notre situation plus que ne l'avaient pu faire tous les événements antérieurs.

Cette insurrection dans laquelle on vit l'ennemi s'avancer jusques aux portes d'Alger était assez grave pour faire réfléchir, surtout ceux qui n'ignoraient pas les causes auxquelles il fallait la faire remonter, réfléchit-on?

Il y a lieu de croire à l'affirmative, car la guerre qui s'en suivit et qui amena la chûte définitive d'Ab-del-Kader (1847) était à peine terminée que le gouvernement général de l'Algérie passait des mains des généraux à celles du duc d'Aumale, ce qui permet de croire que, sans la chûte de Louis-Philippe, l'Algérie serait sortie lentement peut-être, mais à temps encore de l'état déplorable dans lequel, sauf à quelques rares instants, elle n'a pas cessé de se plonger tous les jours davantage.

(1) « Ces actes de capricieuse autocratie, d'inintelligente rigidité qui « se répétaient sur divers points du territoire, irritaient profondément « les populations. . . . .
« . . . .

« Tel était l'état des esprits au commencement de septembre 1845.... « Du reste cette insurrection ne fut pas le résultat d'un projet prémé- « dité à l'avance et devant faire explosion à jour fixe.... Ce grand « mouvement qui se propagea rapidement de proche en proche fut la « conséquence de cette situation générale des esprits elle-même qui « ne fit que se manifester à la suite de nos fautes et de nos malheurs « militaires. » (Colonel Walsien Esterhazy).

Mais Louis-Philippe a été renversé ; et avec sa chûte l'Algérie est retombée aux mains des généraux, pour y rester ; la révolution de 1848 n'ayant fait que passer.

La révolution n'a fait que passer, disons-nous, ce n'a cependant pas été sans laisser des traces profondes de son passage : c'est à elle que l'on doit l'institution des départements, institution qu'on peut fausser comme l'a fait le décret du 7 juillet dernier, mais qu'on ne peut anéantir.

Et heureusement, car sans cet obstacle désormais indestructible opposé à l'insatiable ambition de l'administration militaire, ce ne serait pas la moitié de l'Algérie, mais bien l'Algérie toute entière qui serait en feu aujourd'hui !

Mais c'est d'ailleurs uniquement dans cette existence de territoires civils que gît la différence qui distingue l'Algérie de 1864 de l'Algérie de 1845.

En effet, sans croire avec tant d'autres que Napoléon a conservé rancune aux Algériens des sympathies qu'ils avaient montrées pour la branche d'Orléans, ou avec d'autres encore que, désireux de s'attacher l'armée il lui sacrifie les intérêts engagés dans la colonie, il est un fait incontestable cependant, c'est qu'avec la dynastie actuelle, l'Algérie est retombée bientôt et plus que jamais sous le despotisme militaire, c'est qu'avec les mêmes causes qui avaient provoqué l'insurrection de 1845, nous avons vu se produire : d'abord, l'insurrection Kabyle dont on a trop négligé de constater les motifs, d'autres partielles, plus symptômatiques encore et passées inaperçues cependant, et enfin, celle que nous voyons fleurir aujourd'hui dans toute sa splendeur.

Il serait déjà très-grave d'établir que des fautes qui n'auraient pas dû se renouveler ont ramené l'Algérie en

1864 au point où elle se trouvait en 1845. Nous prétendons faire davantage cependant : nous voulons prouver que, cette fois, la situation s'est tellement aggravée que les demi-remèdes qui eussent pu suffire alors, seraient complètement inefficaces aujourd'hui. Aujourd'hui, il ne suffirait plus de faire passer le gouvernement général, des mains des généraux, à celles d'un prince de la famille régnante, qui serait chargé de transformer insensiblement les choses, non, aujourd'hui : il faut une solution aussi radicale que prompte.

En effet, nous ne sommes même plus en 1863 où on pouvait se borner à dire non seulement avec de hautes intelligences de l'ordre civil, mais même encore avec un général de division sénateur : l'Algérie est en souffrance !..... (1) car lorsque ce sénateur parlait ainsi, l'Algérie était soutenue par l'espoir, reconnu chimérique depuis, de voir se réaliser la promesse, qui lui avait été officiellement faite l'année précédente, de lui octroyer prochainement la constitution qui peut seule donner de la fixité à ses institutions ; le Sénatus-Consulte sur la propriété arabe n'avait pas encore consacré, pour un temps indéfini, l'existence de la barrière qui sépare les deux races en présence et les pousse dans un antagonisme également fatal pour l'une et pour l'autre ; on n'avait pas vu un ministre venir prouver, en faisant décréter

(1) « Aujourd'hui l'*Algérie est en souffrance*, si cette expression vous choque, je vous dirai qu'elle est stationnaire, tout le monde le reconnaît. Mais *comment en serait-il autrement* quant après trente-deux ans d'occupation on n'est pas même d'accord sur les bases fondamentales de l'édifice que l'on veut construire ; *quand l'opinion publique, tiraillée en tous sens, mal éclairée,* ou plutôt abandonnée à elle-même, *s'égare chaque jour de plus en plus sur son compte ?..*

(Gal Daumas, séance du sénat du 30 janvier 1863).

une réduction des territoires civils, et la subordination définitive et complète de l'administration civile à l'autorité militaire, que non seulement la colonie était bien en droit de douter de la réalisation de vœux qui ne sont que justes et très-modérés cependant, mais qu'encore elle devait craindre pour l'existence du peu de garanties qu'elle avait reçues jusques là ; Enfin une formidable insurrection n'était pas venu prouver que le régime militaire est aussi peu apte à assurer la soumission des Arabes, la paix et la sécurité du pays, qu'il s'est montré incapable sous tous les autres rapports.

Aujourd'hui nous en sommes arrivés à ce moment prévu depuis si longtemps et par les plus aveugles. Nous sommes en présence de l'échec que prédisait entre autres le Maréchal Bugeaud lorsqu'il disait :

« Ne pas peupler l'Algérie après l'avoir conquise et « tout en administrant les Arabes avec une bienveillante « justice, c'est vouloir se préparer dans l'avenir un échec « des plus graves. »

Nous n'avons pas tenu compte de cette prédiction, nous n'avons pas peuplé l'Algérie et nous sommes en présence d'un échec des plus graves, car l'insurrection algérienne actuelle dont nous triompherons physiquement, nul n'en doute, n'en constitue pas moins un échec moral, dont nous ne pourrions nous relever que par un effort d'une violence telle, qu'il est à craindre que nous n'en soyons incapables.

La fin de la conquête matérielle remonte à 1847 au moins (1).—Qu'avons-nous fait depuis cette époque pour assurer la conquête morale !

(1) « A la chute d'Ab-del-Kader, tout changea de face. Les tribus

C'est à cette époque que le peuple arabe a vu s'épuiser le peu de forces qu'il pouvait opposer à la conquête, et qu'il a courbé la tête et senti qu'il devait rechercher auprès du vainqueur la satisfaction de ses intérêts; or comment avons-nous répondu à ses avances et à sa soumission? Pouvons-nous dire :

« Voilà telle ou telle institution qui sert de tranchante ligne de démarcation entre la conquête et son lendemain; qui a mis le baume sur la blessure de la veille ; qui indique aux indigènes qu'ils ont passé de l'une dans l'autre de deux phases bien distinctes; qui a fait succéder enfin pour les indigènes, aux erreurs de la guerre, marquées au sceau de l'injustice et de la cruauté, les droits et les garanties que doit offrir la paix! »

Certes non, nous ne pouvons parler ainsi.

Nous ne pouvons au contraire que nous accuser d'avoir manqué à ce devoir que nous imposait cependant hautement l'humanité, et d'y avoir manqué en toute connaissance de cause par apathie et par faiblesse.

Par l'apathie dans laquelle nous plongeait cette croyance que les hommes resteraient stationnaires comme les institutions, attendant notre bon plaisir.

Par la faiblesse qui nous faisait accepter aveuglément tous les prétextes les moins plausibles de temporisation qu'il plaisait à nos généraux de nous donner.

comprirent que l'heure de la soumission était venue pour elles ; et les souffrances matérielles ayant enfin abattu l'exaltation du fanatisme, elles se résignèrent à accepter notre domination. Elles étaient dans une telle détresse, qu'elles redoutèrent bientôt les troubles nouveaux qui ne pouvaient qu'ajouter à leurs misères, et elles nous prêtèrent leur concours pour réprimer les insurrections partielles. »

(Rapport adressé au président de la République par le Ministre de la guerre, le 23 janvier 1851).

Mais il est temps de mettre un terme à cette apathie et à cette faiblesse.— Il est temps de jeter un coup d'œil sur le mal et d'en constater toute l'étendue.

Ce coup d'œil nous montrera que le peuple arabe n'est pas un bloc de marbre qui attend le ciseau du statuaire appelé à le transformer, mais bien plutôt un poulain qui, pris hier à la mamelle, se fut prêté à tous nos caprices, qui aujourd'hui peut encore être dompté, qui demain sera indomptable.

Et en effet, dans ces années que nous avons passées en tergiversations, le peuple arabe n'est pas demeuré le même. La barrière élevée par nos agents entre lui et nous n'a pas été suffisante pour le maintenir isolé dans son ancien milieu, nous avons bouleversé insensiblement, mais de fond en comble, toute son organisation, toute son économie, ses mœurs et son caractère même, et cela non pas dans un sens favorable, soit à ses intérêts, soit aux nôtres, mais bien de façon à le ruiner matériellement, à l'exaspérer moralement et par conséquent à le rendre ennemi d'une civilisation dont nous ne lui laissons voir que les épines, et rebelle à une domination qui ne s'est montrée que sous son côté brutal et égoïste.

Nous avons enfin amené les Arabes à ce point qu'ils repoussent également et la position infime d'où nous leur avons montré qu'ils pouvaient sortir et celle, insoutenable, que nous leur avons voulu faire.

Mais avant d'en arriver à cet examen de l'état des choses, il nous faut relater deux faits considérables qui sont venus précipiter le dénouement d'une situation qui jusques là n'était encore que très-tendue.

Le premier de ces faits c'est la réaction amenée par l'apparition de la brochure *Indigènes et Immigrants*, réaction qui a eu pour résultat le plus direct de faire remettre encore une fois à des temps indéfinis la solution de la question algérienne.

Quant au second, c'est l'insurrection qui, éclatée au mois d'avril, dure encore. Celui-ci vient au contraire démontrer toute l'immensité du danger dans lequel nous a précipité le premier.

II.

INFLUENCE DE DEUX BROCHURES ANONYMES.

C'était à la fin de 1862. L'Algérie et par conséquent la presse algérienne croyant pouvoir compter sur la réalisation très-prochaine de promesses émanées de trop haut pour ne pas avoir été entendues de tous, attendait avec confiance l'ouverture d'une session d'où devait sortir la constitution si longtemps attendue par la colonie.

Quelle pouvait être cette constitution, il n'y avait pas à s'en inquiéter.

La conquête était dès longtemps achevée, l'élément civil avait fini par s'infiltrer à travers tous les obstacles dans la majeure partie du Tell algérien et à y prouver par des résultats inespérés ce qu'on pouvait attendre de lui ; l'émigration était venue lentement, mais elle était venue sans reculer devant le peu de garantie que lui offraient les institutions et une fois venue, elle était restée luttant énergiquement contre des obstacles moraux bien plus insurmontables que des obstacles matériels; les lambeaux de tribus indigènes arrachées péniblement au régime militaire, montraient qu'elles se trouvaient fort bien de ce qui n'était encore cependant qu'un fantôme du régime civil; enfin pris individuellement les Arabes témoignaient par leur conduite qu'ils avaient compris que leur seule porte de salut était dans le mélange intime des deux races. Que pouvait donc être la constitution attendue, sinon la base d'institutions fixes et régulières venant se substituer à des institutions toutes provisoires! Sinon par conséquent la substitution du régime civil, seul propre à organiser la paix, au régime militaire qui ne vit que par et pour la guerre!

L'Algérie attendait donc avec calme et confiance, lorsqu'apparut soudain et quelques jours avant l'ouverture de la bienheureuse session, une brochure (l'Algérie Française, indigènes et immigrants), qui, écrite évidemment dans le but d'égarer l'opinion publique au moment où elle aurait eu le plus besoin d'être éclairée et par suite de retarder l'élaboration de la constitution algérienne, développait les théories suivantes, bien faites, par leur nouveauté, pour troubler des esprits déjà très peu au fait de la situation réelle de la colonie :

« Le vrai paysan de l'Algérie, l'ouvrier agricole, la base la plus rationnelle et la plus solide de la propriété, c'est l'Indigène... »

« La colonisation par les Européens présente un double anachronisme politique et économique... »

« Si depuis trente ans, il y a eu enseignement, en matière de colonisation, ce n'est que dans le sens d'une humiliante négation... »

« Les races européennes ne peuvent se livrer à un

travail constant sous la température de l'Algérie....... »

Au reste l'âne ne cherchait même pas à cacher le bout de l'oreille.

Si l'auteur émettait des théories aussi subversives en les échaffaudant sur des chiffres présentés comme officiels et largement falsifiés pour les besoins de la cause, et sur des allégations toutes mensongères lorsqu'elles n'étaient pas calomnieuses, il ne manquait pas de déclarer hautement que le système qu'il prétendait faire prévaloir, c'était quelque chose d'un peu plus militaire, d'un peu plus rétrograde que le *Statu quo.*

En effet il disait :

« La colonisation doit prendre un caractère nouveau. *L'Immigrant ne doit plus venir disputer à l'Indigène des parcelles de terre* pour en former de petites propriétés individuelles où il végète entre la misère et la maladie. IL FERA DE LA COLONISATION COMMERCIALE ET INDUSTRIELLE. A lui, appartiendra l'exploitation des forêts, où abondent les bois d'œuvre; à lui, les chênes-liéges, les oliviers et les nombreuses industries qui s'y rattachent; les marbres et les albâtres, les mines, les minoteries et les amidonneries, la salaison des viandes, le tannage des peaux, le tissage des laines, etc. »

Puis encore pour conclure :

« *La conclusion obligatoire, pour cette situation, conduit à la civilisation des indigènes* (page 63), en *maintenant provisoirement leur organisation sociale*, parce qu'on ne doit pas compromettre l'ordre public par un nivellement prématuré; *parce que la forme actuelle nous garantit l'impôt et le service militaire;* parce qu'en abolissant les nobles habitués à commander, les lettrés en possession de l'influence, on arrache les masses à leurs plus chères traditions; *parce qu'enfin la civilisation aura plus de prise sur des groupes constitués que sur des familles éparpillées* et livrées aux suggestions d'un individualisme désordonné. »

Enfin, il est inutile d'ajouter que l'auteur exaltait aussi haut les services rendus par l'administration militaire, qu'il ravalait plus bas l'administration civile, qu'en un mot il demandait :

La constitution d'une sorte de royaume arabe, dont le gouvernement, puisé uniquement dans l'élément militaire, aurait eu pour principale mission, de maintenir la population indigène dans un complet isolement, en fermant par toutes sortes de moyens possibles la porte de l'Algérie à l'émigration !

M. le Ministre de la guerre a taxé la Presse indépendante Algérienne de *presse passionnée.*

Pauvre presse Algérienne ! Est-ce bien à M. le Maréchal Randon, au premier représentant et, sinon au plus habile, du moins au plus ardent défenseur du régime militaire qu'il appartient de porter un jugement aussi... téméraire ?

La presse algérienne a eu un tort, cela est vrai, mais ce n'est pas celui de pousser les populations indigènes à des actes de désespoir : c'est celui d'avoir donné dans le piége que des adversaires peu loyaux lui tendaient à l'aide de la brochure que nous venons d'analyser sommairement.

Evidemment, mieux inspirée elle eut méprisé une diatribe d'une nature telle que nul ne pouvait ni l'invoquer ni la prendre au sérieux (son auteur se cachait derrière le voile de l'anonyme). Bien plus elle n'en devait que persister davantage à réclamer la constitution promise. Mais, répéterons-nous encore, si elle n'en agit point ainsi, est-ce bien à ceux qui s'ils ne l'ont provoquée ou laissé provoquer ont du moins largement profité de son erreur qu'il appartient de lui en faire un crime ?

Dès son apparition cette brochure fut considérée, même par les moins clairvoyants, comme écrite par d'assez hauts fonctionnaires de l'administration militaire algérienne et comme inspirée par M. le Ministre de la guerre lui-même. D'un autre côté, rien de sérieux ne fut fait par l'administration pour démentir ces rumeurs. Il était donc bien pardonnable que la population française s'alarmât et que se voyant indignement attaquée au nom des populations indigènes, elle répondit en posant la thèse contraire.

Mais ne nous arrêtons pas à descendre dans de trop grands détails. Bornons-nous à constater les faits les plus caractéristiques et à relever les hypothèses qui ont été le plus fondées à s'accréditer dans la colonie.

Le gouvernement s'occupait de l'élaboration de la constitution particulière qui est dûe à l'Algérie aux termes de la constitution de l'empire.

Soudain il apparait une brochure qui, non-seulement émane d'un homme qui se cache sous le manteau de l'anonyme, mais qui encore est remplie de documents, de la fausseté desquels l'autorité supérieure est mieux à même que qui que ce soit de juger... Et cependant dès ce moment la situation change et les actes du gouvernement semblent obéir à l'impulsion de l'esprit qui a dicté cet écrit.

L'Empereur se croit dans la nécessité d'adresser une lettre au gouverneur de l'Algérie, pour assurer les

Arabes de ses bienveillantes intentions ; il y prend le titre de *roi des Arabes,* et l'Algérie y est *un royaume arabe.*

Mais pour tranquilliser les colons livrés à une crise des plus sérieuses, il n'est rien fait. Il n'est pas fait davantage pour mettre un terme à la croyance hautement exprimée par les organes de l'opinion publique algérienne, que le libelle représente l'opinion du gouvernement et qu'il émane d'un fonctionnaire de l'administration algérienne.

Loin de là, tout semble montrer qu'il y a lutte entre deux influences opposées, dans les hautes régions gouvernementales; tout semble indiquer que le Ministre de la guerre appuyé du sous-gouverneur général de l'Algérie et de toute l'administration militaire algérienne a pris en mains la défense de la prétendue cause des indigènes et que le gouverneur général, est presque seul à défendre la cause de la colonisation, et ne peut soutenir la lutte avec avantage.

En tous cas, il n'est plus question de la constitution algérienne.

Puis comme pour prouver à l'Algérie que le gouvernement s'inspire bien de la pensée qui a dicté la brochure *indigène et immigrant,* comme pour lui montrer que ses soupçons touchant l'origine de la brochure n'ont rien que de très fondés, tandis que le sénatus-consulte sur l'expropriation arabe, vient éterniser la barrière qui sépare les deux peuples en présence dans la colonie, une seconde brochure anonyme : *l'Algérie et la lettre de l'Empereur,* tirée à un nombre fabuleux d'exemplaires et *distribuée à profusion et gratuitement,* vient commenter et l'esprit de la lettre impériale et l'esprit du sénatus-consulte constatant le triomphe des principes émis dans la première publication.

Enfin le maréchal Pélissier a à peine fermé les yeux qu'on voit le Ministre de la guerre présenter à la signature de l'Empereur le décret du 7 juillet dernier qui décrète avec la subalternisation définitive et complète de l'autorité civile à l'autorité militaire, la réduction du territoire civil, des mesures qui cependant s'excluaient tout au moins l'une l'autre ainsi que nous aurons l'occasion de le démontrer.

Ainsi au lieu d'une constitution promise à l'Algérie, il a suffi de l'apparition d'une brochure anonyme, pour que tout au contraire le gouvernement :

Attribuât toutes les terres de l'Algérie aux indigènes et les immobilisât entre leurs mains; fermât dès lors toute porte à l'immigration, annihilât complètement l'influence déjà très minime des autorités civiles sur leurs territoires, et décrétât la réduction des territoires civils.

Trop reculer, c'est se mettre dans la nécessité d'avancer de nouveau. Les choses pouvaient à la rigueur durer encore telles qu'elles étaient en 1862 : Elles ne pouvaient rester au point où les ont fait reculer les mesures prises dans ces deux dernières années. Ces mesures ne pouvaient qu'aboutir avant peu à poser la question algérienne plus carrément que jamais.

III.

L'INSURRECTION DE 1864.

« L'Algérie et nos colonies seraient depuis longtemps florissantes si elles avaient été dotées d'institutions libérales. Qu'elles soient du moins assimilées à la France et que leurs intérêts puissent être défendus dans cette enceinte par des représentants de leur choix. »

Tel est l'amendement au projet d'adresse, que proposaient à la dernière session, les honorables députés qui y ont pris en main les intérêts de l'Algérie.

Dans la discussion à laquelle donna lieu cet amendement (séance du 23 janvier 1864) discussion sur laquelle nous aurons l'occasion de revenir plus en détails, le commissaire du gouvernement, M. le général Allard, répondant à M. Ernest Picard, disait entre autres, pour en arriver à déclarer que « la sécurité, l'Algérie l'a aujourd'hui complète. »

« Il est encore un fait que je dois mentionner en passant, parce que ce fait est un grand acte et que ce grand acte, doit avoir une influence considérable sur le développement de la prospérité algérienne. Ce grand acte c'est le sénatus-consulte du 22 avril 1863 qui a donné aux Arabes la propriété des terres qu'ils occupaient et dont ils avaient la jouissance traditionnelle et permanente. Les conséquences de ce sénatus-consulte, messieurs, sont faciles à calculer d'avance. Il aboutira dans un temps que je désire voir aussi prochain que possible, à la constitution de la propriété individuelle et à des transactions entre les Européens et les Arabes. Ces transactions, interdites avant le sénatus-consulte, peuvent s'effectuer aujourd'hui, et c'est ainsi que l'on arrivera assez promptement à la dissolution de la tribu, qui aujourd'hui est le plus puissant obstacle à l'introduction de la civilisation en Algérie. *Déjà le sénatus-consulte a donné aux Arabes une confiance qu'ils n'avaient jamais eue jusqu'ici. Ils se montrent plus disposés à accepter nos lois, notre domination, et la France recueillera de cette mesure des avantages dont il est impossible dès aujourd'hui de calculer toute la partie.* »

A cette apologie « d'un grand acte » et au panégyrique du régime militaire qui devait en être le complément indispensable, M. Jules Favre répondit entre autres :

« S'il se trouvait (dans le parlement) des personnes intéressées, connaissant les faits, pouvant et voulant aussi les porter à la connaissance de la France entière, soyez sûrs qu'il se serait élevé des critiques respectueuses et réservées portant sur des sujets utiles, et d'un commun accord, par le libre jeu de ces institutions qui font notre gloire et dont nous devons l'application à tous ceux qui portent le titre de citoyens français, justice exacte aurait été rendue à qui de droit. »

Comme pour donner raison à nos députés, et démontrer que le gouvernement est loin de comprendre les véritables besoins de l'Algérie et d'être éclairé sur sa véritable situation, comme pour démontrer enfin que le sénatus-consulte du 22 avril 1863, est loin d'avoir le genre de portée que lui attribuait l'orateur du gouvernement, et qu'il semblerait bien plutôt avoir été provoqué dans un intérêt tout autre que l'intérêt indiqué, trois mois s'étaient à peine écoulés que les Arabes recouraient à la révolte !

C'est de cette révolte qui dure depuis tantôt un an que nous allons nous occuper un instant.

L'insurrection arabe peut être envisagée à deux points de vue très différents, selon qu'on prendra le fait en lui-même en se bornant à l'examen de tout ce qui s'y rattache très directement, ou bien qu'on voudra en étudier les causes et les conséquences indirectes. C'est au premier de ces points de vue que nous nous plaçons momentanément.

Même prise dans ces limites étroites, la tâche n'est pas facile il faut le reconnaître.

Lorsque l'insurrection a éclaté, l'autorité militaire avait deux marches à suivre vis-à-vis de l'opinion publique, opinion dont elle est habituée à faire trop bon marché :

Ou bien laisser à la presse indépendante locale toute liberté de suivre les événements dans leur marche, d'en rechercher les causes et d'en étudier les conséquences.

Ou bien, usant des pouvoirs extraordinaires dont elle dispose, se réserver pour elle seule le droit de renseigner l'opinion publique, mais à charge par elle, alors, de le faire largement et de manière à ne laisser aucun point dans l'obscurité.

Au lieu de cela qu'a-t-elle fait ? Elle a imposé un silence absolu à la presse locale et elle s'est montrée peu soucieuse de là remplacer.

Qu'en est-il résulté ? c'est qu'il a été ouvert à la médisance et peut-être à la calomnie, une place d'autant plus large que les documents officiels livrés à la publicité, sont plus obscurs et plus incomplets ! C'est enfin que des bruits, d'un caractère assez grave pour, sinon absoudre les révoltés, du moins atténuer considérablement leur faute, ont pris d'abord naissance puis ensuite racine dans l'esprit de nos colons.

Ces bruits nous ne les répéterons pas : nous ne voulons pas le scandale, or, lors même qu'ainsi que l'a demandé la presse algérienne il serait fait une enquête sur les faits qui ont pu provoquer l'insurrection, lors même enfin que cette enquête viendrait à confirmer la version fâcheuse accréditée dans la colonie, que pourrait-il en résulter sinon un scandale sans profit ?

Bien qu'ils soient conçus en termes tantôt trop vagues, tantôt trop laconiques, bien qu'ils aient été présentés sans ordre et sans suite, bien qu'enfin ils comptent de nombreuses lacunes, c'est donc cependant à l'aide des seuls documents officiels que nous tenterons d'abord d'esquisser la marche de l'insurrection, de même que ce sera ensuite sur ces seuls documents que nous baserons les réflexions que nous suggèrent les événements.

Si-Soliman-ben-Hamza-Bachagha de Géryville ayant tout à coup quitté ses campements habituels, le colonel Beauprête se rend à la tête d'une petite colonne composée de 100 hommes d'infanterie d'un escadron de spahis et de cavaliers des goums, sur le lieu où s'est retiré Si-Soliman. Celui-ci attaque la colonne française le 7 avril et l'anéantit presque complètement le 8, à la seule exception des cavaliers des goums qui l'abandonnent, et d'une partie de l'escadron de spahis qni parvient à se dégager.

Ce sinistre est le signal de la défection de la totalité de la grande tribu des Ouled-Sidi-Chikh dont Si-Soliman avait le commandement.

Vers le 25 avril des fractions des tribus des Harar, et des Ouled-Chaïb, du sud de la province d'Oran se rallient aux insurgés.

Le 14 mai, la tribu des Flittas, dans le Tell de la même province, se soulève de son côté, à l'instigation d'un marabout du nom de Si-Lazreg. Voici comment le journal officiel de la colonie rend compte de cet incident :

« Une dépêche télégraphique arrivée d'Oran annonce que la majeure partie des Flittas de la subdivision de Mostaghanem, a fait défection.

» M. le colonel Lapasset, en revenant de conduire un convoi à Tiaret a été attaqué à son bivouac de Sidi-Mohamed-ben-Aouda ce matin par les Flittas, au nombre de 500 cavaliers et de 1500 à 2000 fantassins. Le combat a duré jusqu'à une heure de l'après-midi. Les Flittas ont eu 36 morts et de nombreux blessés. On leur a pris des chevaux : nous n'avons qu'un homme tué et quatre blessés. C'est un combat tout à l'avantage de nos armes. Le colonel Lapasset est arrivé le soir à Zamora et doit être aujourd'hui à Relizan, couvrant les plaines basses avec sa colonne de 8 à 900 hommes. »

A partir de cette époque nous comptons donc deux révoltes distinctes, l'une dans le Sud et qui comprend les Ouled-Sidi-Chikh et une partie des Harars et des Ouled-Chaïb, et l'autre dans le Tell qui est réduite encore à la tribu des Flittas.

Pour en finir avec la première, bornons-nous à remarquer qu'à son égard notre tactique se borne désormais à bloquer les tribus insurgées dans les sables du Sud, pour les prendre par la famine et surtout par la soif, à les empêcher de diriger des attaques contre le Tell, et enfin à surveiller les tribus du sud de la province d'Alger pour qu'elles ne se laissent pas entraîner par l'exemple. (1)

En ce qui concerne la seconde, elle prend bientôt une tournure plus sérieuse.

Vers le 20 ou le 22 mai ses rangs se grossissent par la défection des tribus des Beni-Ouragh, des Beni-Meslem et des Maknassa.

Le 27 mai Si-Lezreg dirige sur notre poste d'Ammi-Moussa, une première attaque, qui est suivie le lendemain d'une deuxième.

Le 31 il se rejette sur le poste de Relizan.

(1) « . . . .

A la date du 24 mai, le général Deligny revenait de Kreneg-el-Souk, chassant de nouveau devant lui les populations insurgées qui étaient venues faire boire leurs troupeaux à Kreneg-el-Aziz, et les refoulant dans le massif montagneux qui s'étend parallèlement au Kzel, sur une profondeur de quinze lieues environ. *Ces populations souffrent énormément et ne peuvent tarder à se dissoudre pour vivre. Le général attend le moment favorable pour en avoir raison en détail.*

. . . . »

(Moniteur du 5 juin).

« . . . .

Le général Deligny écrit que *la résistance dans le Sud est brisée*, et que le mouvement insurrectionnel y est arrêté. *Les populations insurgées ont renoncé à la lutte armée*. Déjà une partie d'entre elles ont demandé l'*aman*.

. . . . »

(Courrier de l'Algérie du 4 juillet. *Communication officielle*).

« Ammi-Moussa, le 16 juin.

« Le général Deligny est parti le 10 juin de Géryville se portant sur El-Abiod-Sidi-Cheiks ; *les tribus insurgées fuient* devant lui *manquant d'eau et de vivres et accablées de misère*. Le général a dû arriver le 15 à l'Abiod. Le général Yusuf revient de Laghouat à Djelfa, réglant toutes les affaires du sud de sa division.

. . . . »

(Communication officielle).

Le 5 juin il succombe dans une attaque dirigée contre le camp du général Rose.

A partir de ce moment nous prenons et conservons l'offensive et nous sommes maîtres de la situation.

Le 4 juillet le général de Martimprey, gouverneur par intérim, en s'embarquant pour France où il est appelé, déclare les opérations (et par conséquent l'insurrection) terminées, par l'ordre du jour suivant :

« Soldats !

« L'heure est venue de vous féliciter des résultats que, au prix de votre sang et des plus rudes fatigues, votre courage et votre persévérance viennent d'obtenir. Partout l'insurrection est vaincue.

« *La circulation se rétablit au milieu des tribus naguères en armes ;* — la confiance renaît avec l'ordre ; les rapports commerciaux, les travaux de toute nature tendent à reprendre leurs cours.

« *Des mesures sévères, de justes réparations garantiront dans l'avenir le maintien de votre œuvre.* Pendant sa réalisation, les regards de l'Empereur vous ont constamment suivis. — Vos succès, votre bien-être, les soins dont vous étiez l'objet n'ont cessé d'intéresser la sollicitude impériale. Bientôt elle se manifestera par des récompenses pour lesquelles des propositions ont éte demandées par le Ministre de la guerre, dans sa bienveillance pour cette armée qu'il a longtemps commandée.

« Mais, même à cause du prix qu'elles doivent conserver, ces récompenses sont toujours rares, et elles ne suffiraient pas à soutenir les vertus militaires des troupes, si dans l'armée française, il n'existait un ressort plus puissant, dans le sentiment d'avoir accompli son devoir, conquis quelque gloire et bien servi sa patrie.

« Soldats, que cette pensée fasse battre vos nobles cœurs.

« Le gouverneur général par intérim,

« Signé : E. DE MARTIMPREY. »

D'un autre côté la lettre ci-après, adressée par l'Empereur au général Deligny, démontre encore clairement que c'est aussi bien l'insurrection du Sud que celle du Tell qui est comprimée :

« Fontainebleau, le 5 juillet 1864.

« Mon cher général, je ne veux pas tarder à vous féliciter de l'heureuse campagne que vous venez de terminer. J'avoue que j'ai été quelquefois inquiet de vous savoir si loin dans le Sud par une si grande chaleur, mais j'avais confiance dans les talents et l'énergie du général qui commandait la colonne.

« Exprimez aux troupes sous vos ordres ma satisfaction, et croyez, mon cher général, à mon amitié.

NAPOLÉON. »

Cependant le gouverneur par intérim est à peine de retour à Alger que le feu se ravive pour devenir plus fort que jamais. En effet :

Le 16 août une communication officielle insérée au *Moniteur de l'Algérie*, nous apprend que d'une part Si-Mohamed-ben-Hamza et son oncle Si-Lalla, ont fait faire défection à la grande tribu de Larbâ, qui nous était restée fidèle pendant l'insurrection du printemps, et que d'un autre côté des tribus du cercle de Boghar, qu'on ne nomme pas, se sont mises en état de rébellion, en débutant par le pillage et l'incendie de plusieurs caravansérails etc., etc. Le communiqué donne à l'insurrection des tribus de Boghar l'explication suivante qui est loin d'être claire :

« *Soit qu'elles aient craint,* malgré les positions prises par nos colonnes à Cherf et à Aïn-Toukria, et une concentration de troupes à Boghar, *de se voir attaquées par les insurgés, soit qu'elles aient été égarées par ces intrigues* qui, trop souvent, sèment le désordre en pays arabe, *elles ont abandonné leurs campements, leurs récoltes en meules, et se sont portées vers le Sud-Ouest,* afin de faire cause commune avec Si-Mohamed-ben-Hamza et ses gens. »

Dans le courant d'août des troubles sans gravité ont lieu dans la Kabylie orientale (province de Constantine).

Le 8 septembre des fractions des Ouled-Madhic du cercle de Boussada, après avoir accueilli par un refus d'obéissance des ordres donnés par l'autorité locale, se mettent en état d'hostilité ouverte, et font une démonstration contre la colonne placée en observation dans le cercle de Boussaada.

Le 25 septembre, le général commandant la division de Constantine signale sa présence dans la Kabylie orientale par un châtiment qu'il inflige à une fraction d'une de ces tribus. Mais ce mouvement n'a aucune corelation avec celui du Sud, dont il est séparé par une distance de 60 ou 80 lieues.

Le 11 octobre, nous voyons que des nouvelles tribus Sahariennes, les Ouled-Balagh, les Beni-Mathar, les Ouled-en-Nahr et les Ahel-Angad, situées au nord-ouest des Ouled-Sidi-Chikh, ont pris parti pour Si-Lala.

Le 21 octobre, le général Jusuf reçoit les soumissions

des tribus du cercle de Boghar qui s'étaient révoltées.

Vers la même époque les Ouled-Aïssa du cercle de Bousaada font de leur côté leur soumission, et complètent ainsi la pacification du sud de la province de Constantine.

Le 14 novembre, nouvelle révolte dans la Kabylie orientale (Babor de la subdivision de Sitif). « Mais, dit la note officielle cette agitation est tout à fait locale ; elle ne doit pas s'étendre au dehors du Babor et les travaux du Chabet-el-Akra, momentanément interrompus, seront probablement repris très prochainement. »

Vers la même date, la plupart des tribus révoltées, du sud des provinces d'Alger et d'Oran, sont de nouveau présentées comme ayant obtenu ou demandant l'aman, c'est-à-dire comme ayant fait ou demandant à faire leur soumission.

Nous ne pousserons pas plus loin ce résumé qui menacerait de devenir fastidieux par sa monotonie et qui d'ailleurs nous fournit dans la période à travers laquelle nous l'avons conduit des faits en nombre plus que suffisants pour tirer de l'insurrection les arguments nécessaires, et au-delà, à la démonstration que nous voulons faire.

Cependant nous ne quitterons pas la seconde période de l'insurrection sans constater qu'elle se distingue de la première, surtout en ce que nous y avons pris un rôle beaucoup plus offensif. Cette fois nous ne nous sommes plus bornés à bloquer dans le désert les tribus révoltées, nous sommes allés les y poursuivre.

L'autorité militaire n'a donné et ne pouvait donner au reste à l'insurrection que deux causes : le fanatisme religieux qui entretient chez les musulmans la haine de la domination chrétienne, et l'influence pernicieuse de la presse algérienne qui par son attitude hostile aurait indisposé les chefs indigènes contre nous:

Nous nous occuperons en son temps de la deuxième des causes invoquées. Quant à la première, nous ne voyons rien de plus facile que d'établir qu'elle ne doit pas même exister dans l'imagination de ceux qui l'ont inventée, et cela nous le ferons en répondant à la question suivante qu'a déjà dû se poser le lecteur :

Qu'étaient le colonel Beauprête et le Bach-Bach-Agha Si-Soliman-Ben-Hamza qui se sont trouvés les premiers en présence, et chose bizarre qui ont succombé dans la même lutte? Qu'était encore Si-La-Khdar tué depuis dans un autre combat ? qui sont enfin Si-Lalla et Si-Mohamed-Ben-Hamza qui luttent encore?

Le colonel Beauprête avait suivi toute sa carrière militaire dans les affaires arabes. C'était un vaillant et courageux homme assure-t-on, mais brutal et cruel par caractère, il devait sans doute à ce qu'il avait débuté dans les affaires, dans un temps où pour bien d'autres que lui le système turc, c'est-à-dire la bastonnade et la décapitation, semblaient être le seul régime convenable pour soumettre et contenir les Arabes, il devait à ces circonstances disons-nous, un penchant très-prononcé, pour l'exercice d'une extrême sévérité et d'une justice très expéditive. Son passage dans le poste d'Aumale et dans les postes de la Kabylie, a laissé dans les tribus du sud de la subdivision d'Aumale et dans le Jarjura de terribles et cuisants souvenirs qui s'y perpétueront certainement pendant plusieurs générations. A tort ou à raison, l'opinion publique l'a fortement soupçonné, d'avoir occasionné à deux reprises différentes, par la rigueur de ses actes, peu faits pour avoir du succès chez les Kabyles, des insurrections dans le Jurjura. Nous devons ajouter même que l'autorité supérieure a semblé, dans les deux fois partager en quelque sorte la manière de voir de l'opinion publique, car ces deux insurrections ont à deux reprises différentes, fait enlever le colonel Beauprête, alors capitaine, au service des affaires arabes.

Ainsi voilà pour le colonel Beauprête : c'était un homme qui avait peut-être rendu de grands services à une autre époque, mais c'était plutôt un chef de guérillas qu'un officier d'armée régulière, et dans tous les cas, comme dès longtemps déjà les hommes de son caractère avaient cessé d'être nécessaires, la logique eut voulu que dès la première fois où il fut rappelé dans les rangs de l'armée, il n'en fut plus sorti.

Quant à Si-Soliman, Si-La-Khdar, Si-Mohamed-Ben-Hamza et Si-Lalla, le lecteur sait sans doute déjà qu'ils appartiennent à la même famille.

Si-Hamza leur père et frère était ce que l'on nous a accoutumés à appeler un grand chef arabe.

Si-Hamza qui avait été fait Khalifa du sud contribua puissamment au succès de notre expédition de Laghouat en 1852, par la diversion heureuse qu'il fit en attaquant les Ouled-Naïls (1). Après la prise de cette ville ce fut

(1) « Le même jour 4 décembre 1852, (il s'agit du jour de la prise de Laghouat) Si-Hamza des Ouled-Sidi-Chikh, remportait, à la tête des goums du Sud et des fantassins des Kssours, un succès éclatant sur les Larbaâ et les Ouled-Naïl dissidents, campés près de l'Oued-Neza, à peu de distance des Bersian. Le 8, il rejoignait nos troupes sous Laghouat, ramenant avec lui 1,200 chameaux, 6,000 moutons et un butin considérable. »

(Tableau des établissements français en Algérie année 1853)

encore lui qui poursuivit Si-Mohamed-Ben-Abdallah jusque dans le désert où il l'atteignit et le battit complètement avec ses seuls contingents arabes. Cette expédition nous ayant livré Ouarghla, cet oasis fut érigé en Aghalik dont le commandement fut donné à Si-Zoubir, l'un des frères de Si-Hamza (1).

En 1861, Mohamed-Ben-Abdallah s'étant mis à la tête d'une nouvelle insurrection, tomba sur nos tribus sahariennes : Si-Bou-Beker fils de Si-Hamza et Si-Lalla son oncle envoyés contre lui toujours à la tête des seuls contingents de leurs tribus le poursuivirent jusque bien au sud de Ouarghla, où ils le forcèrent à se rendre en le bloquant pendant deux jours dans les sables. A la suite de cette victoire importante, Si-Lalla, que l'on n'affectait pas alors d'appeler le *marabout Si-Lalla,* fut nommé chevalier de la Légion-d'Honneur et appelé au poste de Câïd d'Ouarghla.

Enfin le même Si-Bou-Beker qui avait assisté son

(1) « Etabli depuis le 21 novembre 1853, près de Mitlili, et fidèle aux instructions qui lui ont été données, Si-Hamza observait sans relâche tous les mouvements du chérif Mohamed-Ben-Abdallah. Le 10 décembre notre Khalifa se présente inopinément à Ngouça dont il s'empare ; bientôt il y laisse ses bagages sous la garde de 600 fantassins, et s'élance avec ses goums, à la poursuite des tribus rebelles, réunies au sud d'Ouargla. Prévenu trop tard de ce mouvement offensif, le chérif espère en vain surprendre les habitants de Ngouça ; la rigoureuse résistance qu'il y éprouve le force à la retraite ; à quatre journées d'Ouargla, il rencontre Si-Hamza contre lequel il lance ses contingents ; mais ceux-ci après une lutte longue et acharnée sont mis en pleine déroute, laissant le terrain jonché de cadavres et de blessés ; le chérif et quelques cavaliers peuvent seuls prendre la fuite vers le Sud. Quoique blessé dans cette affaire, Si-Hamza, voulant obtenir un succès complet, marche droit sur Ouargla dont les portes lui sont ouvertes le 23 décembre après quelques jours de résistance. »

(Tableau des établissements français en Algérie).

oncle dans ce succès, est mort depuis de la fièvre *en accompagnant M. Couverchel dans son voyage au Touat.*

En somme donc cette famille qui est aujourd'hui à la tête de la révolte a commencé par nous servir pendant une quinzaine d'années en nous donnant les plus grandes preuves de dévouement! Son influence qu'on présente comme assez puissante pour avoir entraîné presque tout le sud algérien dans l'insurrection, elle a commencé par l'employer à soumettre ces mêmes tribus à notre domination ! Ses armes qu'elle porte contre nous, ont d'abord servi à nous défaire d'un ennemi dangereux, que nous ne pouvions atteindre nous-mêmes et *qui avait pris les armes au nom de la religion !* Il faut avouer que si la famille de Si-Hamza mérite aujourd'hui de notre part l'accusation de fanatisme musulman, il a été une autre époque où ses compatriotes pouvaient à bien meilleur droit encore l'accuser de fanatisme chrétien !

Mais laissons là, les allégations de l'autorité militaire, allégations que mieux que personne elle doit savoir être dénuées de tout fondement. Profitons seulement de ce qu'elle semble pour ainsi dire nous y forcer elle-même, pour rechercher quelles ont pu être les véritables causes de la malheureuse affaire du 8 avril.

Dans ce pays des bizarreries que l'on nomme l'Algérie, il en est une qui l'emporte peut-être sur toutes les autres : cette bizarrerie, c'est la situation qui est faite aux chefs indigènes.

Le chef indigène est un cheval à deux fins : Dans l'intérieur c'est-à-dire dans son pays, il doit être l'instrument passif des caprices autoritaires de tout le bureau arabe, jusques et y compris l'adjoint stagiaire qui en est encore à confondre un musulman avec un juif. (1) Dans la capitale de sa province, de l'Algérie, ou de la France dans les parades en un mot c'est autre chose, il devient un grand personnage derrière lequel s'éclipse, le petit officier français. Mais le cheval à deux fins est presque une utopie. S'il peut exister il ne saurait durer longtemps, aussi n'est-ce peut-être pas dans cette double situation, faite au chef indigène dans un but égoïste facile à comprendre, qu'on trouverait la moindre des causes de bien des complications survenues dans ces dernières années. En effet tant que le chef arabe n'était pas sorti de sa tribu, rien ne pouvait l'amener à se donner une importance qu'il ne se connaissait pas, aussi autant encouragé par nous il levait haut la tête au milieu des siens, autant il la baissait devant le dernier d'entre nous. Mais, un beau jour il a vu qu'il pouvait viser à des honneurs (la croix d'officier ou de commandeur) auxquels ceux qui lui donnent journellement des ordres ne sauraient aspirer. Il a vu encore et le rang relativement inférieur qu'occupent dans notre société les simples officiers et le rang relativement élevé que nous

(3) Voici, entre autres, ce que dit à ce sujet l'auteur de la brochure, l'Algérie et la lettre de l'Empereur, auteur dont le dévouement à l'autorité militaire, ne saurait être mis en doute:

« On parle de *féodalité*, et ce souvenir effarouche les naïfs. Mais où est la féodalité, où la transmissibilité du pouvoir n'existe pas ? *Le moindre sous-lieutenant adjoint d'un bureau arabe est cent fois plus puissant que le chef indigène le plus illustre ;* c'est à lui que ce chef obéit, qu'il rend hommage, qu'il doit le respect. Etranges seigneurs féodaux que ceux qui ne peuvent ni rançonner, ni tyranniser leurs prétendus vassaux sans tomber sous le coup d'une justice supérieure, *et qu'un caprice de l'autorité politique peut, dans les vingt-quatre heures, jeter sur le pavé ou en exil.* »

étions disposés à lui accorder. Il en est résulté qu'un beau jour son amour-propre stimulé, lui a dit qu'il pouvait exiger ici, ce qu'on lui accordait volontairement là bas et il a trouvé les hauteurs et les dédains de ses chefs directs hors de saison.

Cependant aujourd'hui comme alors, que faut-il pour renverser le chef indigène le plus haut placé, ou pour amener son internement en France (1), une simple décision prise par l'autorité supérieure, sur un rapport du chef du bureau arabe, rapport dont le condamné n'a pas connu et ne connaîtra jamais le contenu ! aujourd'hui comme alors ce même chef indigène doit s'incliner avec respect devant le caprice quel qu'il soit d'un officier du bureau arabe inexpérimenté ! subir en public des humiliations quelquefois des plus révoltantes (2) ! mais aujourd'hui, contrairement à ce qui existait alors, il comprend tout ce que de pareils actes ont d'abusif, et il s'exaspère de ne pas trouver à sa portée, des moyens d'en avoir justice. Notons encore à ce sujet que cette situation doit tout naturellement être encore bien moins supportable pour la jeune génération de chefs indigènes, dont le sang est plus chaud, l'imagination plus vive, et

(1) Parmi les nombreux chefs indigènes qui viennent, assure-t-on, d'être condamnés, *administrativement* à l'internement en France, on remarque Bou-Akkaz, l'un des principaux chefs de la province de Constantine.

(2) « Il nous serait trop facile de citer mille exemples déplorables de brutalités envers les Arabes qui ne viennent pas des colons ; *témoin un des grands chefs visiteurs de Compiègne, vieillard à barbe blanche, dont le visage a été balafré, il y a deux ou trois ans, sur le champ des courses d'Alger*, par un autre qu'un postillon de diligence. »

(Marcel Lucet. Légitime défense).

qui surtout est arrivé trop tard pour avoir pu s'expliquer tout ce qu'elle a d'étrange et d'anormal.

Aux renseignements que nous avons donnés sur le caractère du colonel Beauprête et sur les antécédents, aussi bien de cet officier supérieur que du Bach-Agha-Si-Seliman, il faut donc ajouter ceux-ci :

Déjà à l'époque où les chefs indigènes sortaient à peine du moule, le colonel Beauprête représentait, dans sa plus grande exagération, ce que les bureaux arabes ont pu compter de plus despotique et de plus absolu : or nous avons vu que son caractère était loin d'avoir pu le porter à modifier avec le temps sa manière d'être.

Si-Seliman, au contraire, était un de ces jeunes chefs qui, forts des preuves de dévouement qu'ils ont données par eux et par les leurs, convaincus de l'étendue de l'influence que nous leur avons laissé prendre sur les populations, et non moins convaincus des services qu'ils nous rendent, croient être à l'abri des vexations humiliantes, infligées journellement à leurs administrés, et avoir même droit à certains égards de la part de nos agents dont la valeur exacte, dans notre hiérarchie sociale, leur est parfaitement connue.

Or, si d'un autre côté nous tenons compte de celles des conditions connues dans lesquelles a eu lieu l'engagement du 8 avril ; si nous remarquons que le colonel Beauprête s'était rendu au milieu des Ouled-Sidi-Chikh, à la tête d'une colonne, trop faible pour admettre qu'il se proposât de réprimer une insurrection, et trop forte cependant pour ne constituer qu'une simple escorte ; si nous notons encore que l'engagement n'a eu lieu que lorsque la colonne française avait déjà pu s'établir dans ses campements, ce qui indique que des pourparlers ont évidemment dû précéder le combat, on est porté à croire que, dans le principe, la prétendue défection de Si-Seliman n'était qu'une simple boutade et que le but, que se proposait le colonel français dans son incursion, n'était autre qu'un acte de vigueur qui nous échappe.

Aussi, quant à nous si nous étions appelé à formuler notre opinion sur la façon dont les choses ont dû se passer, nous dirions, avec la certitude de ne pas beaucoup nous écarter de la vérité, qu'elles ont suivi la marche suivante :

Si Seliman a dû être ou se croire blessé dans son amour-propre par un de ses chefs directs. Après en avoir vainement appelé, peut-être, aux autorités supérieures qui, on le comprend, ne peuvent en semblables circonstances désavouer les actes de leurs inférieurs, il aura manifesté son mécontentement par un refus d'obéir à un ordre administratif quelconque, ou, ce qui paraît être plus probable, par un mouvement d'émigration vers le sud. Le colonel Beauprête qui par caractère, devait voir dans Si-Seliman un Arabe comme un autre, c'est-à-dire, un objet passif, un morceau de cire, au lieu de mettre quelques formes pour calmer ce qui de la part du chef indigène n'était qu'un mouvement d'humeur, a résolu immédiatement de se rendre auprès de Si-Seliman, peut-être pour l'arrêter, au milieu des siens, comme l'avait fait au reste en d'autres temps, un chef des affaires arabes à l'égard du vieux Si-Hamza (1).

(1) 25 mars 1852. — Pour surveiller les dispositions des tribus Sahariennes du sud-est de la province d'Oran, le général commandant la division fit former une colonne légère, qui, sous les ordres du directeur divisionnaire des affaires arabes, alla occuper le 25 mars, le

Pour ce faire, et plutôt par ostentation que par prudence, ainsi que les chiffres semblent l'indiquer, il se sera mis à la tête de sa petite colonne, sera venu camper à côté de Si-Seliman, l'aura fait venir et il s'en sera suivi une explication dans laquelle, soit d'un côté, soit de l'autre, on sera allé trop loin : de là une collision dans laquelle les deux chefs opposés, chose assez extraordinaire, ont trouvé la mort, et dans laquelle la plus grande partie de la colonne française a été détruite. Enfin Si-Lalla après s'être tenu à l'écart le temps nécessaire, soit pour se convaincre du bon droit de son neveu, soit des mauvaises dispositions de l'autorité française à son égard, aura songé à venger la mort de son neveu, de même que nous voulions venger la mort des nôtres.

Telle est, en l'absence d'explications plus complètes de la part de l'autorité locale, la façon la plus plausible dont l'affaire du 8 avril a pu se passer.

Que nos suppositions soient justes ou non, il suffit de constater que l'organisation actuelle de l'Algérie les rend très-vraisembables pour condamner des institutions qui mettent entre les mains d'hommes, non moins exempts que les autres de toutes les passions et les faiblesses inhérentes à l'espèce humaine, les moyens d'imposer impunément, par la force, tous les caprices de leur volonté, caprices dont il n'est pas besoin de les accuser mais bien simplement de les savoir susceptibles.

Dans sa première phase (du 8 avril au 4 juillet) l'insurrection du Sud ne donne lieu à aucune autre observa-

territoire servant ordinairement de campement aux Ouled-Cheikh. Le chef de ces nomades fut arrêté et ramené à Oran.

(Tableau des établissements français, etc.)

tion assez importante pour mériter d'être signalée. Il nous suffit de remarquer l'attitude respective des combattants : les Arabes sont plus occupés à nous fuir qu'à chercher à nous suivre. De notre côté nous cherchons bien plus à les forcer par la famine que par les armes.

Dans l'insurrection du Tell, qui se déroule pendant la même période, les choses ne se passent pas ainsi : les Arabes tombent sur nos fermes et sur nos villages, et quant à nous, suivant les anciens errements, lorsque nous ne pouvons atteindre les hommes, nous brûlons les récoltes, nous enlevons les troupeaux et en un mot nous ruinons le pays. Mais le fait le plus extraordinaire dans cette insurrection est, comme dans celle du sud, la façon dont elle a débuté (1). On se demande en effet comment une tribu qui avait le choix entre une attaque contre des villes ouvertes sans défense, et une colonne bien armée, a opté pour l'attaque contre la colonne bien armée. Si encore on était autorisé à croire que c'est par surprise qu'elle a cherché à entammer la colonne, à la rigueur on s'expliquerait peut-être son audace. Mais les ré-

(1) Moniteur de l'Algérie du 14 mai :

« Une dépêche télégraphique arrivée d'Oran annonce que la majeure partie des Flittas de la subdivision de Mostaghanem a fait défection.

« Hier, *le colonel Lapasset,* au moment de conduire un convoi à Tiaret, *a été attaqué à son bivouac* de Sidi-Mohamed-Ben-Aouda, *le matin, par les Flittas, au nombre de* 500 *cavaliers et de* 1,500 *à* 2,000 *fantassins. Le combat a duré jusqu'à une heure de l'après-midi.* Les Flittas ont eu 36 morts et de nombreux blessés. On leur a pris des chevaux : Nous n'avons eu *qu'un homme tué* et *quatre blessés.* C'est un combat tout à l'avantage de nos armes.

« Le colonel Lapasset est arrivé le soir à Zamora, et doit être aujourd'hui à Relizam, couvrant les plaines basses avec sa colonne de 8 à 900 hommes. »

sultats du combat, indiquent clairement qu'elle n'a pas eu cette pensée : le bulletin porte que nous n'avons eu qu'un homme tué et quatre blessés ; or il n'est pas douteux qu'une attaque dirigée contre nous à l'improviste nous eut coûté plus cher. Un autre fait à remarquer c'est le tems qui s'est écoulé entre la défection des Flittas (14 mai) et la défection des Beni-Ouragh et autres. Pourquoi ces dernières tribus se sont-elles décidées si tard à entrer dans le mouvement? C'est une chose que nous sommes condamnés à ignorer, comme nous devons ignorer les prétextes qu'ont pris ces tribus différentes pour recourir aux armes. Enfin en dernier lieu et sans chercher à en tirer aucune conséquence, nous remarquerons encore un fait, c'est que l'insurrection du Tell, n'a pris un véritable caractère de gravité que lorsqu'elle a cessé d'être limitée à la seule tribu des Flittas.

Mais tout cela n'est rien : où commence la véritable série d'étonnements, c'est avec la reprise des hostilités.

Ainsi que nous l'avons vu, le 4 juillet les deux insurrections étaient étouffées, aussi bien celle du Sud que celle du Tell. Comment voyons-nous celle du Sud renaître dans les premiers jours d'août plus vive que jamais? Comment la voyons-nous entraîner des tribus de la province d'Alger et de la province d'Oran qui pendant toute la durée de la première période n'avaient pas songé à bouger et même nous avaient prêté leur concours? Nous ne nous arrêterons même pas à tenter d'éclaircir ces points, car le but principal à poursuivre c'est d'arriver à établir les causes *indirectes* de toutes ces révoltes et c'est ce qui ne saurait résulter que de l'ensemble de notre étude.

Pour le moment nous nous bornerons à relever quelques-uns des faits difficilement explicables que compte cette seconde phase de la révolte.

Il faut remarquer tout d'abord que ces mêmes tribus sahariennes qui dans la première période « souffraient énormément et ne pouvaient tarder à se dissoudre pour vivre » qui enfin « fuyaient, manquant d'eau et de vivres et accablées de misères » ont dû découvrir pendant la saison des plus fortes chaleurs des sources inconnues jusques-là, ou bien s'ouvrir des passages pour pénétrer dans le Tell, car dans cette dernière campagne nous voyons nos troupes, renonçant à une tactique qui leur avait cependant bien réussi au printemps se mettre dans les sables à la poursuite d'un ennemi qui non-seulement leur échappe mais qui encore profite de leur éloignement pour venir tomber sur une de nos villes de l'intérieur (Sidi-bel-Abbis). Ce qui est plus étrange encore c'est l'attitude différente des chefs de nos colonnes. Le général Deligny et le général Jussuf semblent mépriser de tomber sur l'ennemi, tandis que d'autres envoient bulletin sur bulletin.

Quant à ces bulletins nous n'en signalerons que deux qui prouvent :

Ou bien que les Arabes sont de pauvres diables dont on a très-facilement raison, même lorsqu'ils sont les mieux armés et les plus acculés, et que par conséquent les derniers envois de troupes faits en Algérie étaient superflus ;

Ou bien...... ou bien, ce que nous devons nous refuser à croire, que nous n'avons rien changé dans ce mode particulier de conduire la guerre en Algérie, qui a valu en d'autres temps déjà à certains de nos jeunes officiers supérieurs, des accusations de la plus grande gravité (1).

(1) « . . . .

« Mais nous-mêmes, les conquérants, qui avons si souvent jeté la pierre à ces malheureux indigènes, à propos de loyauté et de bonne foi, je ne sais si nous en avons complètement le droit : je connais quelques faits de notre part qui sont loin d'être irréprochables. Il y a surtout ce que, dans certains états-majors de l'armée d'Afrique, on a appelé *la razzia de pied ferme ;* voici en quoi elle consiste :

« Une colonne, commandée je suppose par un colonel qui voudrait bien devenir général, vient de faire une excursion dans le pays ; les ordres de l'autorité ont été exécutés, toutes les causes d'inquiétudes, de troubles ont disparu devant nos troupes ; il est impossible d'espérer une affaire de vigueur. On va donc être obligé de ramener la colonne dans ses cantonnements ; les troupes vont se séparer, le chef militaire regagner sa garnison. Pour lui, c'est une occasion perdue ; il se demande avec déplaisir quand et comment elle pourra renaître. L'entourage du colonel, les officiers ambitieux et remuants du corps de troupes, sont également peinés et fort mal disposés. Dans ces circonstances, le commandant en chef de la petite armée fait mander les principaux personnages des tribus sur lesquelles il est campé ; il les rudoie quelque peu et cherche des prétextes de remontrance (toujours par voie d'interprête).

« — J'ai appris que vous n'étiez pas très soumis ; vous avez laissé passer des révoltés chez vous, lors de la dernière insurrection, et certainement, vous étiez un peu de connivence.

« — Mais, seigneur, point du tout : nous avons, au contraire, garni nos positions, empêché les fuyards de passer chez nous ; nous leur avons même pris du bétail. Renseigne-toi, tu verras que nous nous sommes montrés fidèles serviteurs.

« — Ah bah ! je n'en crois rien ! Et vos impôts, les avez vous payés ?...

« — Seigneur, nous ne les payons chaque année qu'à la notification du bureau arabe ; il serait même gênant pour vos comptes, nous a-t-on dit, d'acquitter avant, mais nous sommes tout prêts.

« — Je remarque que vous ne m'avez pas bien reçu, ni moi, ni ma colonne ; vous vous moquez de nous, mais prenez garde, vous pourriez le payer cher.

« Là-dessus, protestations de plus en plus vives de la part des indigènes, qui finissent quelquefois par dire quelque chose de désagréable, tel que ceci, par exemple : « Seigneur, tu écoutes les mensonges de quelques juifs menteurs, mais on ne te dit que des choses fausses. »

« C'est le moment que semble attendre le chef impatienté : « Vous

Le premier de ces bulletins est ainsi conçu :

« Le général commandant la division d'Oran annonce, par une dépêche télégraphique arrivée à Mascara le 6 septembre, que le mouvement combiné des colonnes du général Martineau et du colonel Péchot dans le Nador, a eu le résultat qu'on en attendait.

« Les Ouled-Sidi-Mansour, les marabouts des Ouled-Khelif qui avaient amené les contingents ennemis dans le Tell, une fraction des Harrar et la majeure partie des dissidents du cercle d'Ammi-Moussa ont été atteints. *Leurs troupeaux, leurs tentes, 400 de leurs femmes sont restés entre les mains des troupes. Près de 500 combattants,* réfugiés dans les parties difficiles de la montagne, *ont été entourés par nos colonnes et ont succombé.*

« Nos pertes sont insignifiantes, grâce aux mesures prises pour faire concourir à l'opération, malgré les distances et les difficultés de toute nature, des masses considérables. Elles se bornent à *3 hommes tués, dont 1 ti-*

voyez bien, s'écrie-t-il, que vous manquez au respect qui m'est dû ; je sais mieux que personne qui je dois écouter ; vous êtes des insolents, vous serez punis. » Et aussitôt le signal est donné.

« Un escadron à cheval au plus vite, des bataillons armés mais sans bagages, ont ordre de parcourir les environs et de saisir les troupeaux. Dans la bagarre, il n'est pas rare de voir un berger ou un maître de bestiaux céder à l'irritation et faire feu sur les capteurs ; alors, le colonel triomphe : « Je savais bien, dit-il, cette fois, que j'avais à faire à une mauvaise population qui a besoin d'être menée rudement. » Et, heureux du coup de fusil accidentel, il ordonne une opération en grand qui amène encore quelques détonations, des prises copieuses, et surtout le thème d'un bulletin. *C'est là ce qu'on appelle la razzia de pied ferme;* ce n'est autre chose que la mise en action de la fable du loup et de l'agneau, cet apologue qu'on nous enseigne dès le plus jeune âge et que nous n'oublions jamais. »

(Commandant Hugomet, souvenirs d'un chef de bureau arabe).

railleur et 2 cavaliers des Hachem, et à 3 blessés, dont 1 zouave et 2 cavaliers des Sdamas. »

. . . .

Or de deux choses l'une :

Ou bien les 500 *combattants* qui avaient à défendre non-seulement leur propre vie, mais encore celle de leurs femmes et de leurs enfans, et leur fortune, étaient bien réellement *armés et réfugiés dans les parties difficiles de la montagne,* sont morts les armes à la main, et alors il faut en conclure que les Arabes sont des adversaires bien peu redoutables, ou bien le général Martineau et le colonel Péchot ont tout simplement assisté à quelque chose qui ressemble fort à une boucherie.

Du second, nous extrayons le passage suivant :

« Aussitôt après avoir pris le commandement de la province de Constantine, M. le général Périgot s'est porté avec une colonne dans le Zouagha et le Ferdjiouah, pour y régler les affaires, et pour procéder à une réorganisation rendue nécessaire par suite de l'internement en France du cheikh Bou-Akkaz-ben-Achour.

« *Cette opération n'avait rencontré aucune résistance,* et le général avait pris toutes ses dispositions pour quitter cette région et passer dans celles des Babors, *quand, dans la nuit du 25 septembre, une vingtaine de partisans du régime récemment renversé vinrent tirer quelques coups de fusil sur le camp français.*

« Le lendemain, au départ de la colonne, *quelques contingents kabyles attaquèrent le flanc droit et l'arrière-garde,* comme protestation contre les mesures nouvelles.

« *Cette insulte fut punie sur l'heure ;* le général Périgot arrêta sa colonne et la fit camper à Meregnioun, sur le bord de l'Oued-el-Kebir. *Quatre bataillons sans sacs furent lancés contre les Arbaoun*, fraction chez laquelle la démonstration des dissidents avait eu lieu. *Quinze hommes de cette fraction furent tués.*

« *Nous n'avons eu aucune perte de notre côté.* »

Les observations que nous pourrions faire sur ce dernier bulletin ressortent d'elles-mêmes, nous ne nous y arrêterons donc que pour faire encore une remarque concernant ce que l'on appelle l'insurrection de la Kabylie orientale où a eu lieu l'épisode qui précède.

Le chef *Bou-Akkaz* désigné dans le bulletin comme ayant été interné en France, était encore un de ces chefs qu'on n'a cessé de nous présenter comme des plus influants : il a cependant suffi d'une décision rendue par l'autorité supérieure, sur le simple rapport d'un chef des affaires arabes, pour arracher ce chef à sa famille et l'interner en France. Ajoutons que *Bou-Akkaz* était, par exception, un de ces hommes rares qui ont su, tant par leur dévouement aveugle à notre cause que par leur conduite administrative, s'attirer l'estime et les sympathies aussi bien des Européens que des Indigènes. Or, à défaut de celles que se refuse à donner l'autorité militaire, où pourrait-on aller chercher l'explication de l'énorme forfait qui a pu tout-à-coup attirer une telle peine sur un tel homme ?

Une chose non moins digne de remarque dans l'insurrection actuelle, c'est le nombre et la composition des colonnes : on pourrait compter plus de *quinze colonnes*, et ce non compris les goums ou contingents des tribus restées soumises, goums qui chevauchent sous les ordres des officiers des bureaux arabes. On dirait que chacun doit avoir sa force à lui, son commandement à lui. Enfin sur les quinze officiers généraux ou autres qui commandent les colonnes expéditionnaires, on en compte au moins six qui sortent des affaires arabes. Ce sont MM. les généraux Deligny et Ducrot, et MM. les colonels Péchot, Marguerite, Lapasset, Chanzy et Séroka.

Nous ne pousserons pas plus loin les remarques que nous suggèrent les communications officielles faites par l'autorité militaire sur les opérations auxquelles a donné lieu l'insurrection, nous pensons que celles qui précèdent sont plus que suffisantes pour nous permettre de porter un jugement sur la signification que porte en soi l'insurrection.

En somme en effet :

La guerre est conduite aujourd'hui comme elle l'était il y a quinze années, et elle a les mêmes conséquences qu'alors, c'est-à-dire que nous ne traitons ni mieux ni plus mal les *révoltés* d'aujourd'hui que nous ne faisions des *ennemis* d'alors.

Le premier commandant supérieur ou chef du bureau arabe venu, a pouvoir de déclarer une tribu en état de rébellion et de la *châtier*, ce qui veut dire la ruiner, de rendre des individus solidaires les uns des autres de leurs actes, de punir les masses de ce qui n'est la faute que de quelques-uns.

Bien plus nous forçons encore des indigènes qui ne prennent pas parti contre nous à prendre les armes pour nous, et à se battre contre leurs propres frères. (1)

Nous avons *créé* des chefs indigènes et nous ne voulons faire aucune distinction entre eux et les derniers de leurs administrés, quant à la manière de les traiter.

(1) Les bulletins indiquent que des fractionsdes Harrars restés fidèles ont été dirigées contre les fractions de la même tribu qui s'étaient révoltées. Un fait analogue s'est produit à l'égard des Ouled-Nagh.

Le faux rapport d'un espion, quelques coups de fusil tirés par une bande de malfaiteurs, suffisent pour attirer sur une tribu entière, toutes les horreurs de la guerre.

Nous poussons ici la sévérité jusqu'à la cruauté, et là l'indulgence jusqu'à la faiblesse sans que rien n'explique cette diversité dans notre manière d'agir.

Des tribus se sont révoltées, elles ont pillé et volé des fermes et des villages, massacré des colons sans défense : on les poursuit, on les traque, elles se soumettent à quelles conditions ? on l'ignore.

La ruine du pays, qui par le fait est notre propre ruine, telle est notre manière de faire la guerre.

L'amende qui ruine encore les populations, la déportation sans jugement, qui peut atteindre aussi bien l'innocent que le coupable, tels sont nos moyens de répression.

Des chefs qui se sont battus maintes fois pour nous, qui nous ont donné les plus grandes preuves de dévouement, qui ont pris les armes non-seulement pour nous mais contre leurs coréligionnaires armés au nom de la religion, se déclarent tout à coup contre nous et nul ne s'en émeut, nul ne songe à éclaircir le mystère que peut cacher une semblable conduite. Le lendemain ces chefs rentrent en grâce complète : on ne s'en étonne pas davantage.

Cependant une grande distance sépare *le révolté de l'ennemi.*

L'ennemi, c'est l'homme qui se trouve dans le cas de légitime défense.

Le révolté c'est ou bien un grand coupable ou bien une malheureuse victime.

Quant l'ennemi a mis bas les armes tout est fini avec

lui. Le mal qu'il a commis lui est pardonné comme il pardonna celui qui lui a été fait.

Le révolté doit au contraire compte de ses actes même lorsque la lutte est terminée, et le mal, qu'il a causé ou reçu, laisse derrière lui un long ressentiment.

Croit-on que nos colons qui comptent de leurs parents assassinés par des hommes qui ont mangé leur pain participeront à l'*aman* (pardon) qui est accordé par nos généraux aux meurtriers ?

Les Arabes qui comptent des pères ou des frères tués par nous, peut-être, par suite d'une erreur grossière (et il peut et doit même s'en trouver à la façon dont les choses ont marché) croit-on qu'ils oublient davantage ?

Et enfin les Arabes qui ont été mis dans la nécessité de sacrifier leurs enfants ou leurs pères et une partie de leur fortune, pour nous appuyer contre leurs coréligionnaires, ne doivent-ils pas se livrer à d'amères réflexions ?

Voilà pourquoi nous terminons en disant :

Si le régime militaire avait su maintenir la paix, il eut pu durer encore peut-être, car, même avec les pouvoirs sans limites dont il disposait, même avec le peu de garantie qui était laissé aux administrés contre les abus dont il pouvait être susceptible, on pouvait à la rigueur le croire supportable.

Mais du moment où de nouvelles insurrections sont venues établir qu'il ne peut même pas assurer la paix, du moment où il a usé pour la guerre de l'immensité des pouvoirs qu'il n'avait que pour la paix, du moment où tout est mystérieux et étrange dans tout ce qui se rattache à cette malheureuse insurrection, il faut qu'une séparation définitive et complète, entre l'autorité administrative et le commandement de l'armée, soit faite une fois pour toutes.

Il faut que les Arabes qui se soumettent de nouveau et ceux surtout qui nous sont restés soumis, sachent qu'ils sont gouvernés par des hommes dont tout l'intérêt est de maintenir la paix. Il faut que ces mêmes Arabes aient des garanties sérieuses, efficaces, contre tous les abus possibles. Il faut que colons, soldats et arabes, sachent une bonne fois qu'il ne suffit plus du mauvais esprit, de l'ambition, ou de l'erreur d'un seul homme, pour mettre tout un pays en feu.

Il ne faut pas tout au moins que ceux qui ont été impuissants à assurer la paix et qui, chose étrange, sont appelés à recueillir la plus belle part des bénéfices de la guerre, soient laissés en position de la recommencer.

CHAPITRE DEUXIÈME.

LE RÉGIME MILITAIRE ET SES ACTES.

I.

APPARENCES ET RÉALITÉS.

« En présence d'un peuple belliqueux, comme le sont les Arabes, qui est toujours en armes, le régime militaire est le seul qui puisse convenir; c'est le seul, du reste, que les Arabes puissent comprendre. Aussi est-ce celui que nous avons pratiqué dans ces territoires et que nous pratiquons encore, je n'ai pas besoin de dire à la chambre qu'il s'exerce avec tous les ménagements que comporte notre civilisation et tout le respect qui est dû aux mœurs, aux habitudes, à la religion de ce peuple (1). »

(1) La même formule se retrouve exprimée à peu près dans les mêmes termes, dans tous les rapports et les discours, dans lesquels le régime militaire s'est trouvé avoir besoin de justifier son existence. C'est ainsi qu'on pouvait déjà lire dans *le rapport adressé à M. le Président de la République, par M. le Ministre de la guerre* le 23 janvier 1851 : « On ne pouvait échapper à l'anarchie qu'en conservant l'*organisation donnée au pays par Ab-del-Kader* en maintenant le pouvoir entre les mains des familles habituées à l'exercer...... » —

Tels sont les termes dans lesquels s'exprimait le général Allard pour justifier devant le Corps législatif (session de 1864) l'existence du régime militaire en Algérie.

Au reste il est évident que la croyance que le peuple arabe est « un peuple belliqueux et toujours en armes », jointe à la pensée philantropique de respecter « ses mœurs, ses habitudes et sa religion », peut seule expliquer la persistance que nous mettons jusqu'ici à sacrifier nos propres intérêts aux prétendus intérêts du peuple vaincu.

Le tout est de savoir si le peuple arabe est bien « un peuple belliqueux, toujours en armes » et si nous respectons bien réellement « ses mœurs, ses habitudes et sa religion.

A cela nous répondrons en apparence oui, mais en réalité non !

Et en effet, l'Algérie est le pays des mirages par excellence. Tout y est fausses apparences : on pourrait dire que tout y est comédie.

En apparence le peuple arabe est un peuple belliqueux et toujours en armes, car il se remue souvent ; difficile à atteindre parce qu'il est nomade.

En réalité, comme il vit au jour le jour et des uniques produits de la terre, le moindre trouble apporté dans son existence, lui coûte une année de famine, et, si sa tente est mobile, sa famille et ses troupeaux, dont il ne

« L'autorité militaire était *nécessairemeut* appelée à gouverner et à administrer les tribus. *La force* seule a pu faire accepter notre domination, *seuls ses représentants* peuvent essayer les difficiles transformations que le peuple arabe doit subir pour arriver à une administration plus régulière..... »

saurait se séparer, sont difficilement mobilisables et ses récoltes ne le sont pas du tout, d'où il résulte qu'il ne peut être belliqueux par nature et qu'il n'a tenu qu'au régime militaire qu'il cessât d'être armé.

En apparence nous lui avons conservé son organisation sociale, nous avons respecté la tribu, nous avons « maintenu le pouvoir entre les mains des familles habituées à l'exercer. »

En réalité nous n'avons travaillé qu'à lui constituer, à l'exemple de ce qu'avait fait Ab-del-Kader dans le but de réveiller l'esprit de nationalité, une organisation qui lui est des plus antipathique.

En apparence nous avons affaire à un peuple de trois millions d'âmes, uni par la nationalité et la religion.

En réalité, le peuple arabe est le peuple le plus désuni qu'il se puisse rencontrer, ou plutôt il se décompose en un millier de petits peuples ennemis les uns des autres et appelant tous les premiers la domination étrangère, pour se soustraire à l'anarchie qui les divise.

En apparence le régime militaire a assuré la bonne administration de la justice chez les indigènes.

En réalité il n'est arrivé qu'à les soustraire, contrairement à leurs tendances, à la juridiction française pour conserver l'universalité des pouvoirs.

En apparence il leur a fait faire des progrès vers une plus grande civilisation, en les amenant à bâtir des habitations fixes, à planter des arbres, à améliorer leurs cultures.

En réalité, en matière de bâtisses et de plantations il les a ruinés et par conséquent il les a dégoûtés pour longtemps de toute innovation de ce genre, et en matière d'agriculture il les a poussés, non à améliorer mais à étendre leurs cultures, ce qui n'a eu d'autre résultat pour eux que d'avancer leur ruine, et pour nous, qu'on le cherchât ou non, que de nous priver de terres dont nous eussions tiré un si grand parti.

En apparence le régime militaire a entrepris et poursuit la noble et philantropique tâche d'empêcher que les indigènes ne soient spoliés de leurs terres au profit des Européens.

En réalité c'est ce régime seul qui a présenté cette spoliation comme rationnelle, parce qu'en se donnant comme seul capable de la consommer, il y puisait un puissant moyen de prolonger sa propre existence. . .

. . . .

Mais il est inutile de pousser plus loin cette énumération des erreurs grossières auxquelles l'Algérie donne lieu et qui seules cependant ont servi à asseoir le régime militaire dans la colonie. Il est plus simple de prendre les principales d'entr'elles une à une pour les détruire successivement.

Ces erreurs sont de plusieurs natures : les unes portent sur une fausse appréciation des actes de l'autorité militaire, d'autres concernent les prétendus intérêts de l'armée, d'autres encore touchent aux mœurs, à l'organisation primitive, à la religion, au caractère du peuple arabe....... C'est à la destruction des premières que le présent chapitre est consacré.

II.

ORGANISATION ADMINISTRATIVE ET POLITIQUE.

L'Algérie compte environ douze cents tribus.

Sous les Turcs, chaque tribu formait à proprement parler un petit état indépendant des autres, jouissant relativement à ses voisins, d'une autonomie complète. Chacune d'entr'elles comptait en nombre à peu près égal, des alliées et des ennemies parmi les tribus qui l'environnaient dans un certain rayon. La tribu était commandée par un caïd pris dans son sein et qui lui servait d'intermédiaire dans ses rapports avec les autorités turques; mais ce caïd n'exerçait guère au-delà des fonctions politiques, car à côté de lui siégeait la djemaâ, sorte de conseil municipal ou plutôt de conseil gouvernemental, sans lequel il ne pouvait prendre aucune décision dans l'ordre administratif.

Il est évident que si les Turcs n'ont pas fait cette situation ils ont puissamment contribué à la laisser faire.

Les Turcs ne demandaient qu'une chose aux tribus : les impôts qu'elles étaient en état de payer. Dès lors ils s'inquiétaient peu, on le comprend, de la façon dont chaune d'elles s'administrait dans son intérieur, et s'ils s'inquiétaient davantage de la façon dont elles vivaient entre elles, c'était non pas pour les maintenir en paix les unes avec les autres, mais bien plutôt pour perpétuer leurs motifs de discorde. Aussi n'intervenaient-ils dans les collisions entre tribus que lorsque ces collisions prenaient une tournure trop sérieuse.

Ce système était profondément égoïste, puisqu'il avait

pour résultat de maintenir continuellement les tribus dans un état de discorde tel que leur mésintelligence constituât le gage le plus certain de leur soumission envers le gouvernement, et enfin de ne leur laisser, en les amenant à s'affaiblir continuellement les unes par les autres, que juste le tems et les forces nécessaires pour produire les matières imposables. Cependant à côté de cela on peut dire que chaque tribu arabe était en droit de se considérer comme jouissant de la plus grande somme de liberté possible. Le Turc, c'était tout simplement un suzerain auquel il suffisait de verser régulièrement l'impôt pour le rendre tellement commode, qu'on ne le voyait ni n'en entendait jamais parler.

Et puis non seulement le Caïd n'était pas un agent du gouvernement ayant pleins pouvoirs, mais encore il y a lieu de considérer qu'il était beaucoup moins imposé par le gouvernement qu'on n'est porté à le croire géneralement.

Le Caïd était un homme qui achetait sa charge moyennant une somme qu'il payait à l'Etat, cela est vrai. Mais avec quel argent payait-il sa charge? Là est toute la question.

Il la payait avec la cotisation de ses futurs administrés, ce qui équivaut à dire que, en fait, le candidat qui l'emportait sur ses rivaux était celui qui avait pu réunir le plus d'argent, ou si l'on aime mieux, celui qui avait le plus la confiance de la tribu. Le Caïd était en outre renouvelé tous les ans, ce qui équivaut encore à dire qne tous les ans il devait recourir à la bourse de ses contribuables pour payer sa réinvestiture.

Ce serait aller trop loin sans doute que d'en conclure que le Caïd était par le fait l'élu de la majorité de la tribu, mais il n'y a aucun doute qu'il était plutôt l'élu de la tribu que la créature du gouvernement, et que, s'il ne représentait pas la majorité numérique de la tribu, il en représentait au moins la majorité financière.

Au reste le point capital à remarquer c'est l'existence à côté du Caïd de cette *djemaâ* ou assemblée des notables, elle qui pour le coup était accessible à quiconque se sentait une part d'influence ou quelque talent oratoire, et sans l'assentiment de laquelle le Caïd ne pouvait prendre aucune décision importante. En effet, grâce à cette institution la position du Caïd avait beaucoup d'analogie, bien que dans une sphère toute autre que la nôtre, à celle d'un roi constitutionnel. Il était plutôt poussé qu'il ne dirigeait, et les bénéfices qu'il faisait dans sa charge, il les devait bien plus à ce qu'il extorquait habilement à ses sujets en faisant des concessions à heures propices qu'à un système de spoliation tel que celui que nous avons vu pratiquer depuis à ses successeurs.

Sous la courte domination d'Ab-del-Kader les choses durent changer.

Les Turcs ne visaient qu'à dominer par l'entretien d'éléments de discorde entre les tribus.

Ab-del-Kader voulait au contraire arriver à constituer l'union entre les tribus, seul moyen pour son pouvoir naissant de se créer une force à opposer aux ennemis du dehors.

Tandis que les Turcs laissaient chaque tribu s'administrer à sa guise, Ab-del-Kader dût au contraire tendre à faire, des caïds, des agents dévoués à sa cause, et à s'immiscer le plus possible dans les actes d'administration intérieure de la tribu. Aussi non-seulement les caïds qu'il nomma, cessèrent-ils d'être les candidats de la tribu, mais encore il diminua considérablement l'influence de la djemaâ au profit de l'influence du caïd, et il réunit les tribus en plusieurs faisceaux, en confiant le commandement de chacun de ces faisceaux à un chef qu'il nomma son Khalifa (lieutenant) ou agha.

Devions-nous, si nous étions décidés à ne pas donner aux indigènes une organisation calquée sur la nôtre, les ramener à celle des Turcs qui, à cette seule restriction près d'empêcher désormais toute collision de tribu à tribu eut donné le plus de garantie possible à l'individu contre le représentant de l'autorité, ou bien au contraire leur continuer celle instituée par Ab-del-Kader dans le but de sacrifier l'intérêt de l'individu à celui de la nationalité? Evidemment nous devions repousser celui de ces systèmes qui n'avait été créé que pour nous repousser, et adopter celui qui avait si bien profité aux Turcs.

Cependant ce n'est pas ainsi que l'a compris le régime militaire.

Non-seulement il a suivi les errements d'Ab-del-Kader mais encore ils les a poussés à l'excès.

Les caïds, de simples représentants politiques qu'ils étaient, sont devenus de véritables petits autocrates. Au lieu de représenter comme autrefois une fraction quelconque de la tribu, ils ont fini par lui être le plus souvent complètement étrangers.

La djemaâ, ce salutaire et indispensable contrepoids qui était opposé autrefois et même sous Ab-del-Kader, aux tendances du caïd vers l'omnipotence, a complètement disparu.

Seul le caïd administre, seul il répartit les impôts, seul il frappe les amendes, seul il perçoit les impôts, seul il doit compte de ce qui se passe dans sa tribu, et encore quiconque veut l'accuser sait que s'il échoue, ce qui doit inévitablement arriver neuf fois sur dix, il y laissera son mince patrimoine et peut-être sa liberté.

Ainsi on le voit lorsque le régime militaire prétend qu'il a conservé aux indigènes leur organisation politique et administrative, il ressemble exactement à celui qui prétendrait que donner un dictateur à une république c'est lui conserver son président électif, sa constitution et ses parlements.

III.

ORGANISATION JUDICIAIRE.

En apparence le régime militaire a assuré la bonne administration de la justice chez les indigènes tant au criminel qu'au civil.

En réalité il n'a fait que soustraire les indigènes à la juridiction française qu'ils appelaient de tous leurs vœux, et cela pour conserver cette branche importante de pouvoirs.

Sous les Turcs il n'y avait pas de tribunaux musulmans. C'est à peine si on comptait par ci par là quelques cadis institués par le gouvernement. Les véritables juges c'étaient, soit des arbitres pris à l'amiable, soit, dans les causes criminelles, les agents de l'autorité.

Aussi dès leur soumission les Arabes ne songèrent qu'à

remettre toutes leurs affaires indistinctement à l'arbitrage de nos officiers.

Le cas était embarrassant pour nos bureaux arabes : administrer eux-mêmes la justice c'était s'exposer inévitablement à voir très promptement ce service leur échapper, pour passer aux mains de notre magistrature.

Ils prirent un biais.

Se posant encore sous ce rapport en prétendus défenseurs des mœurs et des coutumes du peuple arabe, ils constituèrent des tribunaux musulmans qui devaient rester sous leur surveillance et à leur nomination, par raison politique. Ces tribunaux furent, des tribunaux de cadis qui institués en grand nombre devaient représenter en quelque sorte nos tribunaux de 1re instance, et des *medjiles* qui transformés en tribunaux d'appels, *contrairement aux lois et usages musulmans*, devaient connaître des appels, et fonctionner sous la présidence d'un officier du bureau arabe. Ce fut ainsi que l'on vit des assemblées de savants ou de prétendus savants, rendre des jugements qui en réalité étaient dictés par un *président chrétien*. Au reste les justiciables ne s'en plaignaient pas, loin de là : le jugement équitable était attribué à l'officier français, et le jugement inique était mis sur le compte de l'influence de tel ou tel juge musulman.

D'ailleurs si l'on veut s'assurer combien les Arabes loin d'avoir de la répugnance pour nos tribunaux, les recherchent au contraire, on n'a qu'à considérer l'empressement avec lequel ils ont accepté la substitution de nos tribunaux, comme cours d'appel, aux anciens medjiles.

Est-il nécessaire de rappeler en passant que cette

substitution est dûe à l'initiation du ministère spécial, tandis que l'invention des medjiles, ces tribunaux d'appel qui n'étaient ni musulmans ni français, était dûs bien entendu au ministère de la guerre ?

On s'est bien souvent élevé contre la prévarication proverbiale des juges musulmans. Il eut été plus équitable de se rappeler :

1° Que les justiciables loin de demander des juges pris parmi eux, ne cessent de protester, dans la limite de leurs faibles moyens bien entendu, contre la tenacité que nous apportons à les leur imposer.

2° Que le personnel nécessaire à la formation d'une aussi vaste institution faisait absolument défaut dans un pays où les lettrés forment la plus rare exception.

3° Enfin que ce régime militaire — ce régime du bon marché — ne demande pas les fonds nécessaires à la rétribution des agents de ce service, lorsque cependant les Juges musulmans qui ne sont pas rétribués et qui de plus ne sont que les instruments de l'autorité politique et administrative, doivent nécessairement chercher à pourvoir quelque part à leur existence.

Au point de vue du criminel, ce sont il est vrai les Conseils de guerre qui sont appelés à juger les Indigènes, mais si on remarque que les bureaux arabes seuls sont appelés à rechercher et instruire les crimes qui doivent leur être dévolus, si on remarque en outre que ces mêmes bureaux arabes peuvent prononcer administrativement de très-fortes amendes, la détention d'une année dans les pénitenciers indigènes, la transportation soit à l'intérieur soit à l'extérieur de la colonie, on reconnaîtra que par le fait l'autorité administrative s'est réservé encore ici la plus large part.

Il est vrai de dire que depuis et grâce à l'initiative du Ministre spécial, des commissions disciplinaires, sont venues se substituer en bien des circonstances au libre arbitre des chefs des bureaux arabes. Mais quelles garanties offrent ces commissions (nous parlons au point de vue unique de l'aptitude bien entendu), lorsque c'est le chef du bureau arabe qui demeure chargé de l'instruction de l'affaire et de remplir, devant ce tribunal improvisé, les fonctions de Ministère public ? Evidemment il en résulte :

1° Que cet Agent demeure libre de ne saisir la commission disciplinaire que des affaires pour lesquelles bon lui en semble.

2° Que lorsqu'il se décide à la saisie d'une affaire il a en mains les moyens de dicter pour ainsi dire le jugement.

Ainsi qu'a donc fait le régime militaire en somme pour l'organisation judiciaire ?

Au civil plus musulman que les Musulmans, il veut à toutes forces, contre la volonté des justiciables et lorsque les éléments nécessaires lui font défaut, *créer* des tribunaux musulmans là où il n'en a jamais existé et où on les repousse.

Au criminel, il a conservé plus indirectement, quoique aussi complètement, la haute main sur les tribunaux militaires chargés de l'exercice de la justice criminelle.

IV.

LA PROPRIÉTÉ.

Sous le rapport de la propriété des terres, point brûlant — pour les indigènes qui éprouvent le besoin d'augmenter la production, en raison de l'augmentation des dépenses vers laquelle les entraîne notre contact, et qui, forcés de recourir au crédit peuvent se trouver dans la nécessité de vendre ou d'hypothéquer leurs biens immeubles — aussi bien que pour l'émigration qui ne se rendra en Algérie que lorsqu'elle aura la certitude de pouvoir y acquérir des terres, soit de l'Etat, soit des indigènes, on serait porté à croire, d'après les faits acquis, que le régime militaire ne poursuit qu'un seul but : immobiliser le plus longtemps entre les mains des indigènes la totalité des terres de l'Algérie.

Et en effet sans remonter bien haut qui est-ce qui a jamais réclamé le cantonnement des Arabes, si ce n'est l'autorité militaire ?

Et le lui eut-on demandé d'ailleurs qui donc pouvait la forcer à l'exécuter !

La propriété arabe était garantie, non par une décision du gouvernement local, non par une simple ordonnance royale ou par un décret, mais bien par *une loi très-formelle*. Pourquoi donc l'autorité militaire au lieu de revendiquer les bénéfices de cette loi, pour ses prétendus protégés, l'a-t-elle laissée dans l'oubli et a-t-elle au contraire parlé de la nécessité du cantonnement ?

Il faut renoncer à expliquer une aussi étrange conduite

car voici la seule explication plausible qu'on pourrait en donner :

Le régime militaire ne saurait longtemps conserver l'omnipotence dans les lieux où l'émigration s'ouvre un accès. Immobiliser la propriété entre les mains des indigènes, c'est le seul moyen de fermer cet accès. Mais d'un autre côté en présence de la loi de 1851 qui valide tous les droits de propriété des indigènes, même ceux qui ne prennent leur source que dans une simple jouissance, le régime militaire ne pouvait espérer maintenir longtemps l'ordonnance qui interdit aux indigènes — absolument comme dans les pays musulmans les plus arriérés, — la libre disposition de leurs terres en faveur des Européens. Alors pour amuser l'opinion publique il a d'abord inventé de son propre chef le cantonnement, puis il a provoqué le sénatus-consulte de 1863 qui est toujours le cantonnement, mais un cantonnement attribuant toutes les terres aux indigènes, un cantonnement qui doit, pendant de longues années, maintenir l'indivision chez les Arabes, et enfin un cantonnement légal puisqu'il aura lieu en exécution d'un sénatus-consulte.

Un simple coup d'œil en arrière suffira à établir que si cette explication n'est pas la vraie elle est du moins la seule vraisemblable.

Une loi, la loi de 1851, est venue donner à tous les habitants de l'Algérie toutes les garanties désirables, en matière de propriété. Cette loi était aussi large que possible au point de vue des intérêts des Indigènes. La propriété était solennellement reconnue sous ses trois formes : individuelle, collective, droit de jouissance (1). La

(1) Loi de 1851. « Art. 10. La propriété est inviolable, sans distinction

constatation du droit n'était pas laissée comme elle l'avait été jusque-là, comme elle l'est encore aujourd'hui, à l'arbitrage de quelques commissions administratives d'une aptitude plus que contestable, mais elle était réservée au contraire aux seuls tribunaux réguliers,

Le rôle de chacun était tout tracé :

C'était à l'Etat qu'il appartenait de revendiquer les droits qu'il se serait cru à la possession de telles ou telles terres. C'était à lui, à ses frais, risques et périls, à attaquer et poursuivre, non par la voie administrative, mais bien par la voie judiciaire, les indigènes qui auraient contesté ces droits (1).

Dans les nombreuses tribus où la propriété est individuelle, l'Etat ni l'administration n'avaient rien à faire : les tribunaux musulmans et français, n'avaient qu'à connaître des contestations, entre particuliers, dont ils pouvaient être saisis.

Dans les tribus où les terres sont en totalité ou en partie possédées collectivement, c'était encore au particulier seul qu'il appartenait de faire cesser l'indivision, lorsque bon lui eut semblé.

Est-ce à dire que l'Etat n'eut hérité d'aucune terre? Loin de là.

entre les possesseurs indigènes et les possesseurs français ou autres. »

« Art. 11. Sont reconnus *tels qu'ils existaient au moment de la conquête*, ou tels qu'ils ont été maintenus, réglés ou constitués depuis par le gouvernement français, *les droits de propriété et les droits de jouissance* appartenant aux particuliers, aux tribus et aux portions de tribus. »

(1) Loi de 1851 : « Art. 13. Les actions immobilières *intentées par les domaines ou contre lui*, seront en territoire civil portées *devant le tribunal civil de la situation des biens* ; et quand il s'agira de biens situés en territoire militaire, elles seront portées *devant celui des tribunaux civils de la province qui en est la plus rapproché.* »

L'Etat pouvait revendiquer à bon-droit les immenses espaces que dès longtems les tribus avaient dû abandonner, et dont elles ne se sont remis en possession depuis, qu'à l'instigation des bureaux arabes (1).

Seulement l'Etat n'aurait pu revendiquer que des droits clairs et bien assis, ce qui équivaut à dire, que les indigènes ayant des droits réels, même *de simples droits de jouissance*, trouvaient plus de garanties encore sous l'empire de cette loi que ne leur en donne le sénatus-consulte, et que de plus leur position, dont la reconnaissance est aujourd'hui remise à des temps très-incertains, était dès lors même parfaitement liquide.

Mais ce ne pouvait-être l'affaire du régime militaire.

Pouvait-il permettre au domaine de l'Etat de rechercher et de faire valoir les droits du gouvernement? c'eût été se désaisir volontairement du plus beau fleuron de sa couronne.

Pouvait-il montrer aux Indigènes qu'une loi précise venait substituer son efficace protection à une protection tyrannique et capricieuse? c'eut été reconnaître *des droits* aux Indigènes et ils ne doivent en avoir aucuns sous la dictature militaire; c'eut été encore leur donner *des garanties durables* et ils ne doivent en avoir d'autres que celles résultant de la parole d'un homme et qui s'en va avec lui, lorsqu'elle ne précède pas son départ; c'eut

(1) « La situation est également encourageante en ce qui concerne « l'agriculture. Depuis les dernières années, les labours se sont considérablement accrus dans toutes les parties du territoire. Pour la « subdivision d'Orléansville, l'augmentation a été en 1850, de 28 p. 0/0 « sur 1849. »

(Rapport adressé à M. le Président de la République, par M. le Ministre de la guerre, 1851.)

été laisser voir dans un temps très-limité que la propriété individuelle existe dans la presque totalité du Tell, que parconséquent les Indigènes doivent être libres de vendre leurs terres et les Européens non moins libres de les acheter ; c'eut été enfin ouvrir la porte à la fusion des deux races et par suite marcher rapidement vers l'abdication d'un pouvoir qu'il faut conserver à tous prix.

Aussi que fit le régime militaire : Il se chargea *de poursuivre à l'amiable* la recouuaissance des droits de l'Etat, et il inventa le cautionnement.

C'était une illégalité et une injustice des plus flagrantes, mais qui pouvait faire connaître aux Indigènes les droits que leur donnait la loi de 1851 lorsque les bureaux arabes les leur déniaient ! à quelle autorité pouvait-on avoir recours contre les arrêts suprêmes de ces bureaux ! Et cette illégalité garantissait, par le seul sacrifice à faire de quelques tribus qu'on maltraiterait d'autant plus qu'il fallait se réserver de plus fortes raisons de les plaindre ensuite, une longue existence au régime militaire.

Or c'est là ce qui est arrivé.

La loi de 1851 est demeurée lettre morte.

On a cantonné arbitrairement et sur *une seule décision* du gouvernement local, quelques tribus.

On a crié à la spoliation au nom des autres.

Et comme il ne s'est trouvé personne pour dire au gouvernement de l'Algérie : « — mais si les Indigènes sont en droit de s'inquiéter des dispositions du gouvernement à leur égard, ce n'est uniquement que parceque vous avez substitué votre volonté à la volonté de la loi de 1851, il n'y a donc de remède plus radical que de retirer l'acte dû à votre seule volonté et de rendre toute sa force à la loi de 1851, — » le Sénatus-Consulte de 1863 est venu replacer les choses à un point bien en arrière de celui où elles se trouvaient en 1851.

Au reste, pour quiconque a suivi avec attention les discussions auxquelles l'adoption du Sénatus-Consulte a donné lieu, pour quiconque a quelque connaissance des circonstances dans lesquelles il a été provoqué, pour quiconque a seulement lu avec attention l'exposé des motifs de ce Sénatus-Consulte, il est difficile de ne pas reconnaître que dans l'esprit de ceux qui l'ont réclamé, il est bien plutôt destiné à éterniser la barrière qui sépare les deux peuples en présence, qu'à sauvegarder les intérêts des Indigènes.

En effet en ce qui concerne l'exposé des motifs, comment n'y remarquerait-on pas les passages suivants, qui en disent plus que personne n'oserait supposer?

« Le Gouvernement devra rester seul juge du choix des tribus dans lesquelles la propriété individuelle pourra être ainsi successivement constituée. »

. . . .

« *Il pourra convenir*, au contraire, *de maintenir l'indivision* dans d'autres tribus moins en contact avec nous, par suite de leur éloignement de nos centres de colonisation ou de commandement : *l'indivision est d'ailleurs en général dans les mœurs des Indigènes*, et nous ne pouvons avoir la prétention de changer ces mœurs par notre seule volonté.

« *Il faudra attendre que le temps et l'exemple aient fait comprendre le bienfait de la vie individuelle* et déterminé les tribus à le solliciter.

« Enfin, vis-à-vis de certaines tribus qui, bien que soumises, voudraient fermer leur territoire à l'élément européen, le Gouvernement devra user de son autorité pour rompre le faisceau de la propriété.

« La prudence ou l'énergie de l'administration la guideront dans la conduite qu'elle devra suivre. »

Mais si ces passages du rapport ne suffisent pas à faire comprendre que le sénatus - consulte a bien plus pour objet de garantir sur certains points que de faire cesser sur certains autres, l'indivision chez les Indigènes, il y a quelque chose de plus clair encore : c'est le commencement d'exécution que ce sénatus-consulte a reçu.

Aux termes du rapport précité, la propriété existe dès aujourd'hui à l'état individuel dans les *deux cinquièmes du Tell*, en effet nous y lisons :

« Chaque propriété est entourée d'une haie ou d'un mur en pierres sèches qui ne seraient pas franchis par la charrue ou par le troupeau, sans que le fusil ne vienne protester contre cette violation. *C'est déjà un cinquième du Tell dans lequel il n'y a absolument rien à faire.*

« A côté de ces tribus kabyles, il y en a d'autres de la même origine, qui n'ont pas conservé la langue et les coutumes de leurs pères, mais qui ont retenu les habitudes relatives à la constitution de la propriété individuelle. On peut estimer que ces tribus occupent également au moins un autre cinquième de la zone Tellienne.

« *Les opérations* de la délimitation *n'auront donc*, en définitive, *à s'exercer que sur les tribus Maghzen et les tribus de terre Arch, c'est-à-dire sur les trois derniers cinquièmes.* »

Or la première opération à laquelle devait donner lieu le sénatus-consulte, et cela tant pour tranquiliser les Indigènes propriétaires des *deux cinquièmes* auxquels la citation ci-dessus fait allusion, que pour que l'art. 7 du sénatus-consulte, qui y autorise la liberté des transactions ne demeura pas lettre morte, la première opération, disons-nous, devait consister à la publication des noms des tribus « dans lequel il n'y a absolument rien à faire. »

Dans le cas contraire à quoi bon dire dans le rapport :

« La constitution de la propriété individuelle, l'*immixtion des Européens dans la tribu, favorisée par l'abrogation du paragraphe 2 de l'art. 14 de la loi de 1851* (art. 7 du sénatus-consulte) *qui l'avait interdite jusqu'ici, seront un des plus puissants moyens de désagrégation.* »

Cependant non-seulement cette première opération n'a pas été faite mais encore tout porte à croire qu'elle ne le sera jamais et que les distinctions faites dans le rapport entre les différents *cinquièmes* étaient purement nominales.

En effet il résulte de renseignements que nous trouvons dans un rapport de M. le général commandant la province au conseil général, concernant le commencement d'exécution donné au sénatus-consulte dans la province d'Alger, que les commissions ont entrepris ou sont en voie d'entreprendre leurs travaux de délimitation de la tribu et du douar, dans les tribus suivantes :

Oulad-Bellil. —Aribs. — Beni-Moussa. — Beni-Salah. — Amraouas. — Isser-Djedian. — Sebaou. — Djendel. — Hamis.

Or il est à remarquer :

1° Que les Amraouas, les Isser-Djedian, les Sebaou, sont ou passaient jusqu'ici pour des tribus kabyles, chez lesquelles par conséquent, ainsi que le disait l'exposé des motifs déjà cité « la propriété individuelle se trouve déjà constituée sur des bases aussi claires et aussi précises qu'en France. »

2° Que des commissions de cantonnement ont, dès avant le sénatus-consulte, reconnu et constitué la *propriété individuelle* chez les Oulad-Bellils, les Aribs et les Djendels.

3° Qu'enfin cette dernière tribu comme celles des Hamis, des Beni-Moussa et des Beni-Salah, devraient être rangées dans le *cinquième des tribus arabes* du Tell où il n'y a rien à faire, puisque la propriété individuelle y est parfaitement et dès longtemps constituée.

Or, n'est-il pas plus qu'étrange de voir que les commissions chargées de l'exécution du sénatus-consulte, ne s'occupent jusqu'ici que de *ramener à l'indivision*, des tribus kabyles et arabes où la division existe et où même les anciennes commissions de cantonnement ont passé des années à reconnaître la propriété individuelle!

Ainsi en réalité on le voit :

Le régime militaire a tué la loi de 1851—loi réellement et sincèrement protectrice des droits des Indigènes—à l'aide du cantonnement qu'il a illégalement inventé. Il a tué le cantonnement par le sénatus-consulte et il est en voie de fausser fortement l'esprit de ce sénatus-consulte dans celles de ses parties qui devaient favoriser, sur certains points, l'immixtion des Européens dans la tribu.

Mais ce qu'il y a de plus étrange encore, c'est que l'on a vu le maréchal Randon attaquer avec le plus d'acharnement, comme ministre de la guerre, cette mesure du cantonnement que, le premier cependant, il avait préconisé lorsqu'il n'était que gouverneur général.

V.

LE PROGRÈS.

On a fait beaucoup de bruit il y a quelques années au sujet des progrés que faisaient faire les bureaux arabes aux Indigènes.

Aujourd'hui il ne reste de tout cela que des rapports, qui ont largement profité à leurs auteurs, et un dégoût, une horreur, imprimés aux Arabes pour tout ce qui peut ressembler à une inovation.

En 1847 et 1848, l'administration militaire Algérienne trembla très-sérieusement pour son existence; par suite, d'abord, pendant la dernière année du règne de Louis-Philippe, de l'avènement du duc d'Aumale au gouvernement général, et plus tard, de la proclamation de la République en France, deux évènements qui devaient être aussi peu rassurants pour elle, l'un que l'autre. Il fallait donc à tout prix distraire l'attention publique à l'aide de quelques faits extraordinaires : on inventa d'amener les Arabes à remplacer du jour au lendemain leurs habitations volantes par des maisons de pierre, à se réunir en villages, où s'élèveraient des mosquées, des fontaines, des bains, etc. C'était, disait-on alors, le seul moyen d'arracher les malheureuses populations à une vie misérable et de les attacher au sol par l'amour de la propriété. C'était bien plutôt, dirons-nous aujourd'hui, pour jeter quelques millions, de la poche des Indigènes dans celle de l'industrie et du commerce algérien qu'il fallait éblouir à tous prix.

Sous cette rubrique : *progrès réalisés* par les tribus, on lit en effet dans *le rapport adressé à M. le président de la République*, par le ministre de la guerre le 23 janvier 1851 :

« Le gouvernement de l'Algérie a appliqué sa plus vive sollicitude à *attacher les Arabes au sol par la propriété et par les plantations*, afin *d'anéantir complétement l'obstacle matériel qui a entravé si longtemps la pacification du pays* (1). Les résultats obtenus sont de nature à encourager de nouveaux efforts. Les constructions élevées dans les tribus, les cultures essayées sous l'impulsion des commandants de cercle, prouvent que l'état social des Indigènes peut être modifié par le travail et par les soins persévérants d'une *administration habile*.

. . . . »

Après l'énumération détaillée par province du nombre de villages créés et de maisons construites, le même document ajoute :

« La dépense faite par les Arabes de la province d'Alger pour ces constructions est évaluée à 1.011.900 francs ; la province d'Oran y a employé 961.646 francs et la province de Constantine 555.300 francs. *C'est donc* pour l'Algérie entière *une somme de 2.528.846 francs consacrée par les tribus dans l'espace de trente mois, à se créer des habitations fixes.* . . . . . . »

(1) Il est à remarquer que l'administration militaire cette *administration habile*, prétend régulièrement deux fois par an au moins, avoir trouvé enfin le moyen d'anéantir « l'obstacle qui a entravé si longtemps la pacification du pays », et qu'en définitive cependant la pacification n'est jamais autant en danger qu'au moment où on y a le plus confiance.

Mais aux termes du même rapport cette somme de 2. 528. 846, doit s'augmenter de celle de 513. 073 francs dépensée par les tribus, pendant la même période pour des travaux d'utilité publique, ce qui porte le chiffre de la dépense à plus de *trois millions de francs* et ce non compris la valeur *des mosquées*, *des maisons de commandement*, etc., édifiées dans le même laps de temps à l'aide du produit de souscriptions publiques.

Ces chiffres seuls parlent déjà d'eux-mêmes, en effet, comprend-on cet impôt supplémentaire de trois millions qui a été payé par les Indigènes en moins de dix-huit mois, surtout si l'on considère que dans l'année 1850 les Arabes ne payaient d'impôts réels que 2. 111. 923 francs ! comprend-on une mesure qui faisait plus que doubler l'impôt !

Mais ces chiffres ne sont rien à côté de la vérité. Ils représentent uniquement l'argent sorti de la poche des Arabes pour solder le prix de la main d'œuvre des constructions édifiées, mais ils ne disent rien de ce que ce coup de grosse caisse a encore coûté aux Arabes, sous formes de vexations, d'abus, d'amendes, de corvées !

Pour construire des maisons dans des lieux où l'eau, la pierre et le bois manquaient, se représente-t-on ce qu'il a fallu de journées d'hommes et de bêtes de somme, pour aller chercher le bois de construction, la chaux, le plâtre et la menuiserie, dans des forêts et dans des villes situées à des dix, vingt, et jusques à vingt-cinq lieues, et l'eau et la pierre à plusieurs kilomètres de distance !

Se représente-t-on encore les bêtes de sommes qui ont dû mourir à la tâche en allant, à plus de 50 et 60 lieues, en plein hiver, à travers des torrents infranchissables, des chemins défoncés, des montagnes envahies par les neiges, chercher des plants d'arbre dans les pépinières du littoral !

Et qu'on ne suppose pas qu'il ne s'agissait que de quelques bêtes voyageant isolément et pouvant par conséquent se remiser dans les auberges, ou chez les Arabes avoisinant les routes. Non, on ne marchait que par convois de 500, 800 et jusqu'à mille bêtes, qui bêtes et conducteurs devaient passer les nuits, presque nus et sans vivres quelquefois, couchés sur la neige et sans abris.

Puis il y a encore les exactions auxquelles le choix des individus appelés à construire, donnaient lieu. Pour dix maisons qu'un caïd devait faire bâtir, il désignait vingt-cinq familles différentes. Sur ces vingt-cinq les quinze qui offraient les plus forts pots-de-vin étaient exempts — pour le moment — et les dix plus récalcitrants devaient se résigner à vendre, grains, bêtes, etc., pour faire face aux dépenses d'une construction. Ces derniers étaient au reste ceux qui s'en tiraient encore au meilleur marché, car bientôt un nouveau chiffre de maisons à bâtir était fixé par le bureau arabe et pour parfaire ce nouveau chiffre, il fallait bon gré mal gré, désigner à leur tour ceux des Arabes qui avaient échappé à prix d'argent à la première désignation.

Quant aux plantations (1), rien n'est capable d'expri-

(1) L'extrait suivant du *rapport* déjà cité peut donner une idée de bases sur lesquelles les plantations étaient faites :

« Les plantations d'arbres se développent de tous les côtés. Les tribus de la subdivision de Milianah ont planté, *pendant l'année* 1849, 150.000 *arbres fruitiers, et plus de* 300,000 *pieds de vigne.* A Tenès, le village indigène de la Zmala *a planté* 30,000 *arbres fruitiers,* et.... »

mer ce qu'elles ont coûté aux indigènes rien qu'en amendes. Dans ce temps là un arabe qui voulait se venger d'un voisin, n'avait qu'à déclarer qu'il avait vu le bœuf ou le mulet de ce voisin dans une plantation pour le faire frapper d'une amende de 25 fr. Les registres des bureaux arabes en feraient foi s'ils pouvaient s'ouvrir, bien que pour une amende payée à l'état dix soient restées en route.

Et cependant que reste-t-il, aujourd'hui, de ces travaux exécutés il y a à peine quinze années?

Les maisons ont été dès long-temps abandonnées ; la plupart n'ont jamais été habitées et sont complètement en ruines. Bon nombre de leurs propriétaires ruinés par une dépense qui était au-dessus de leurs forces, ont dû aller se placer comme bergers ou comme garçons de charrue chez quelques-uns de leurs coréligionnaires plus heureux !

Les arbres qui n'étaient pasmortslorsqu'on lesplanta, ont été tués depuis par la sécheresse ou par la dent des troupeaux.

Les mosquées sont restées désertes et les bains, qui n'ont pas été davantage fréquentés, sont vendus ou à vendre.

Mais à propos des mosquées, que dira-t-on d'un régime qui force ses administrés musulmans à se cotiser pour construire des mosquées, lorsque ce régime parle si haut du fanatisme religieux de ces mêmes administrés ?

Cependant si vous allez à Aumale, entre autres, vous y verrez, bâtie à une portée de fusil de la ville, (c'étaitle moyen pensait-on alors d'empêcher qu'elle passât jamais dans les attributions des services civils), une charmante petite mosquée qui a été édifiée avec le produit de collectes, prétendues volontaires. On a nommé un iman à cette mosquée, on y a créé une école, et cependant si vous y rencontrez, chose rare, un seul musulman, informez-vous de sa qualité, et bien certainement on vous répondra que c'est un serviteur du bureau arabe, car cette catégorie d'agents se rend seule dans cet édifice, pour y rendre hommage, non pas à Dieu, mais au bureau arabe son maître.

Et c'est ainsi qu'en apparence, c'est-à-dire sur le papier, grâce à l'intelligente initiative des bureaux arabes, des villages, des fermes, des mosquées, des bains se sont édifiés, et des plantations se sont élevées dans des plaines jusques-là désertes et arides.

Tandis que, en réalité, ces villages, ces plantations n'ont jamais été que des décors qui sont tombés avec la pièce pour laquelle ils étaient faits, et ces mosquées ont été impuissantes, fort heureusement, à réveiller le sentiment religieux chez nos trop tièdes musulmans.

VI.

LA GUERRE.

A l'en croire, l'administration militaire ne dort jamais que d'un œil, tellement les instincts belliqueux de ses administrés arabes, sont tenaces et développés.

En réalité elle fait tout ce qu'il est possible de faire pour pousser les Indigènes vers le métier des armes, et qui plus est, elle cherche à leur donner les qualités militaires qui leur manquent.

Belliqueux ou non, quelle devait être notre tactique à l'égard des Arabes ?

C'était évidemment d'assurer la sécurité dans le pays, de saisir toutes les occasions de désarmer les habitants, et surtout de bien se garder de les initier à ce qui seul peut donner une véritable force à une armée : La discipline et le sentiment de la solidarité.

Si Ab-del-Kader a pu tenir quelque temps et si notre lutte contre lui compte de véritables et meurtriers combats, à quoi le doit-on, si ce n'est aux quelques bataillons d'infanterie et aux quelques escadrons de cavalerie qu'il avait formés pendant la paix ?

Or ces bataillons et ces escadrons, comment avait-il pu les former ?

Un écrivain militaire, M. le colonel Walsten Esterhazy donne la réponse à cette question :

« .... Qui ne sait, dit-il, que ce furent nos transfuges (spahis), admis dans nos rangs et élevés à notre école, qui formèrent la base principale de la cavalerie régulière d'Ab-del-Kader. »

Et à ce témoignage nous ajouterons le nôtre :

Nous avons eu occasion d'assister à des expéditions militaires dans lesquelles, une colonne avait affaire à des contingents commandés par des déserteurs des tirailleurs indigènes ou des spahis : la présence de ces déserteurs était immédiatement révélée par l'énergie qu'ils communiquaient aux groupes qu'ils commandaient.

Au reste, quoi de plus naturel ?

L'Arabe, c'est la personnification de l'individualisme. Pris isolément il pousse le courage jusques à une témérité qui paraitrait volontiers fabuleuse, mais il porte en lui une immense cause de faiblesse : Il ne compte que sur lui seul, il n'agit que pour son compte, aussi autant il est redoutable lorsque ses instincts ou ses intérêts le poussent vers une entreprise individuelle, autant il est peu redoutable lorsqu'il doit agir en troupe, c'est-à-dire lorsqu'il lui faudrait en d'autres que lui, la confiance qui lui fait défaut.

Et bien le régime militaire fait tout pour donner à l'Arabe ce qui lui manque sous ce rapport, et aussi pour développer en lui l'amour des armes et de leur luxe.

Les fils des principaux chefs indigènes, ou les caïds qui étaient l'objet d'une protection plus spéciale, ont reçu des grades honoraires dans les spahis.

Aux hommes les plus remuants, à ceux qui se ployaient le plus difficilement au despotisme des bureaux arabes, on n'a ouvert qu'une porte de salut : l'enrôlement dans les spahis.

L'Arabe ne pourra quitter sa tribu pour passer en territoire civil qu'en passant à travers mille obstacles (1):

(1) Instruction ministérielle du 4 décembre 1858 :

« J'ai décidé le 25 août dernier, que les indigènes qui travaillent, à un titre quelconque et dans quelque territoire que ce soit, sur des terres européennes, seraient exempts de l'impôt de l'achom. J'ai voulu, par cette disposition, encourager les indigènes à se mêler aux Européens..... *Mais la mesure* que j'ai adoptée *serait incomplète* et inefficace si, en donnant d'un côté une sorte de prime à l'introduction de l'élément arabe dans la culture européenne, *on restreignait de l'autre, par des formalités vexatoires, la faculté d'en profiter.*

« *Une sorte de tradition administrative inspirée par une pensée de bienveillance et de protection exagérées, a été suivie* jusqu'à ce jour, *en territoire militaire, au sujet des autorisations demandées par les indigènes pour quitter leur tribu et s'établir sur une terre européenne. L'administration,* s'attribuant une sorte de tutelle sur qu'il se présente dans un régiment de spahis il y sera immédiatement reçu et y trouvera une protection grâce à laquelle il lui sera permis de rester dans sa tribu et d'y narguer impunément ses anciens chefs, ses créanciers, et ceux dont il a pu s'attirer l'inimitié.

Remarquons que nous ne parlons pas des tirailleurs indigènes.

Et, en effet, le tirailleur indigène c'est l'équivalent exact de notre soldat français. Le tirailleur se fait soldat soit par goût, soit parce qu'il n'a ni famille, ni fortune, tandis que le spahis est toujours un homme ayant fortune et famille et qui s'enrôle non pas comme le tirailleur pour se soustraire à la vie politique, mais au contraire pour s'y jeter à corps perdu.

Cependant si nous reconnaissons qu'à l'inverse du spahis, le tirailleur est un brave et fidèle soldat, est-ce à dire que nous nous expliquons la création de ce corps? Non certainement, et cela, aussi long-temps que l'Algérie restera placée sous le régime militaire, qu'elle demeurera plus arabe que française.

Le tirailleur est un brave et fidèle soldat cela est vrai, mais est-ce à dire pour cela qu'il ne conserve aucun sentiment humain? Or, croit-on que lorsqu'on le poussera, comme on le fait aujourd'hui, contre ses coréligionnaires, dont il entend les plaintes, du fondement desquelles il lui est possible de s'assurer, il demeurera à l'abri de toute hésitation, de toute défaillance!

les affaires privées, *se montre souvent défiante en présence des demandes de cette nature*, formulées de concert par les intéressés ; *les autorisations qu'elle accorda étaient, en général, accompagnées de charges et de restrictions qui faisaient perdre aux indigènes une partie des bénéfices de ces autorisations.*»

Et puis, et en supposant un instant qu'il pousse au contraire l'obéissance jusqu'à nous servir d'instrument de meurtre contre ses coréligionnaires, croit-on que lorsque après avoir passé plusieurs années au service, après avoir éprouvé combien la discipline, à côté de son extrême sévérité, est remplie d'équité relative, et offre de garanties contre les abus d'autorité, croit-on, disons-nous, que lorsqu'il rentrera dans sa tribu il s'y courbera sous l'arbitraire vexatoire et sans limite de l'administration indigène ? Evidemment non ! Et dès aujourd'hui les bureaux arabes ne savent que trop qu'ils n'ont pas dans les tribus d'hommes plus indépendants que ceux des ex-tirailleurs qui, exceptions assez rares il est vrai, s'obstinent à vouloir élire domicile en territoire militaire. Il est vrai que pour cette raison même, les bureaux arabes les ménagent, mais ces ménagements ne sont-ils pas d'un pernicieux exemple au point de vue bien entendu de l'état de choses actuel ? N'est-ce pas montrer peu à peu aux Arabes, d'abord que nous n'honorons que le soldat, eusuite que nous reconnaissons certains droits à l'Arabe qui est assez osé pour en revendiquer l'exercice, et qu'enfin la soumission même la plus aveugle peut avoir ses bornes, toutes choses qui, la première exceptée, sont incompatibles avec l'existence du régime de l'arbitraire ?

Mais il y a un fait encore plus frappant, plus incompréhensible pour quiconque ne réfléchit pas que le régime militaire ne vit et ne peut vivre que de contradictions, d'illégalités et d'erreurs.

Les officiers des bureaux arabes, cessent temporairement, par ce fait même qu'ils entrent aux affaires, d'avoir le commandement des troupes régulières. Cependant pour des hommes qui, s'ils sont institués pour prévenir les insurrections doivent néanmoins lorsqu'elles se produisent, en recueillir les premiers et les plus beaux bénéfices, il était dur de rester cloué à l'état-major du commandant d'une colonne expéditionnaire; pour des hommes qui, vis-à-vis de leurs administrés, sont omnipotents, il était dur de se résigner à un rôle aussi secondaire que celui de simple officier d'état-major; qu'ont-ils faits, ils ont démontré qu'à l'exemple des Turcs nous devions nous servir des forces arabes (*dont le commandement leur serait confié bien entendu*) pour battre les Arabes, et dès lors il a été admis en principe que les populations arabes *nous devaient* le service militaire et que, bien entendu le commandement de ces forces auxiliaires ne pouvait être exercé que par les officiers des affaires arabes. C'est ainsi que nous voyons aujourd'hui, ces malheureux Arabes qui autrefois se fussent crus incapables de pouvoir s'absenter de leur tente plus de trois jours, qui lorsqu'ils se battaient ne le faisaient qu'à leurs heures, comme, avec, et contre qui bon leur semblait, s'organiser en espèces d'escadrons et entreprendre des expéditions qui durent parfois jusqu'à plusieurs mois.

Nous ne nous arrêterons pas à faire la démonstration facile que les Arabes n'ont jamais dû ni aux Turcs ni à nous le service militaire (1). Nous ne nous arrêterons

(1) Lorsque les tribus des Douairs et Zmalas de la province d'Oran, obtinrent enfin de nous faire agréer leurs services, le général Trizel, autorisé par le gouverneur général passa un traité avec les chefs de ces tribus. Voici les articles du traité qui concernent le service militaire à attendre de ces tribus :

« Art. 7. Les tribus fourniront leur contingent toutes les fois qu'elles seront appelées, par le commandant d'Oran, à quelque expédition militaire.

pas davantage à signaler ce qu'il y a d'inhumain à forcer des hommes à se battre *gratuitement toujours*, et injustement peut-être parfois, contre leurs propres frères. Nous ne ferons pas remarquer non plus combien il est peu digne pour une nation qui compte sur pied une armée de 500. 000 hommes, de forcer de pauvres diables à faire ses affaires pour elle : nous nous bornerons à envisager ce qu'il y a d'impolitique dans une semblable manière d'agir.

Comment vous dites que les Arabes sont « belliqueux » par nature, vous avez cependant le bonheur de trouver en eux des hommes qui sont incapables de faire un pas sans avoir leurs familles et leurs troupeaux derrière eux (1) — ce qui en fait il faut le reconnaître de bien tristes soldats—qui n'ont en outre aucune idée des prin-

Art. 8. Pendant la durée des expéditions *les cavaliers recevront* une solde de *deux francs par jour et les hommes à pieds*, ceux armés d'un fusil, *recevront un franc*..... Les chevaux des tribus soumises tués dans le combat seront remplacés par le gouvernement français.»

Or, ainsi que le constate le colonel Walsien Esterhazy, ce traité *en ce qui concerne la solde à payer aux contingents* des deux tribus qui l'ont passé, *n'a jamais été exécuté*.

Mais il y a une autre remarque à faire, c'est que *les deux tribus* qui consentaient à *prix d'argent* à nous prêter leurs armes, étaient de véritables tribus militaires, *ne demandant qu'à vivre du métier des armes*, tandis que toutes les autres tribus desquelles nous exigeons aujourd'hui *indistinctement* le service militaire, sont *des tribus qui ne vivent que de la paix*.

(1). Lorsque le maréchal Bugeaud, avait une forte position à attaquer chez les Arabes ou chez les Kabyles, il campait, *à portée de sa lunette*, auprès de cette position. Là il attendait patiemment trois à quatre jours que les rangs de l'ennemi se fussent suffisamment éclaircis, par la retraite volontaire des contingents affamés, et ce n'était qu'après s'être assuré, *de visu*, que la tribu se trouvait ainsi réduite peu près à ses seules forces, qu'il se décidait à prendre l'offensive.

cipes dont l'application pourrait seule leur permettre d'agir en troupes, et vous allez précisément leur communiquer en les forçant à les pratiquer, toutes les qualités qui leur manquent !

Mais un dernier mot et nous en aurons fini avec la bizarrerie qui distingue sous ce rapport, la conduite de l'administration militaire algérienne.

Pourquoi cette administration n'a-t-elle pas profité de ce que des tribus avaient recouru jusqu'à plusieurs fois à la révolte pour les désarmer, et pourquoi au contraire force-t-elle tous les hommes qui passent pour avoir quelque fortune à acquérir ou à conserver des chevaux de guerre ?

Répondra qui pourra à cette question, quant à nous, nous nous bornerons à constater que le premier usage que nous avons vu faire aux Arabes, de la liberté qu'ils acquéraient en passant du régime militaire, sous le régime civil, ça a été de se défaire au plus vite de leurs chevaux de selle pour les remplacer par des bêtes de somme !

VII.

L'ÉCONOMIE.

L'économie : Telle est une des considérations que le régime militaire invoque hautement en faveur de son maintien.

« .... Une autre considération justifie l'*orga-*

nisation toute militaire donnée à cette administration; (disait le Ministre de la guerre dans le long panégyrique de l'administration algérienne, que constituait son rapport du 23 janvier 1851 à M. le président de la République) *c'est l'économie dans les dépenses.* Le personnel nombreux appliqué à ces affaires *figure au budget pour une somme de cent cinquante mille francs.* »

Nous ne savons où M. le Ministre de la guerre puisait ce chiffre modeste de 150,000 fr. lorsque à cette époque les Khalifats, Bach-Aghas, et Caïds rétribués par l'état figuraient déjà *à eux seuls* au budget *pour le double de cette somme.* Mais il nous est facile du moins, de démontrer que *la portion* de l'administration militaire algérienne *exclusivement* affectée au service indigène, coûte déjà assez cher aujourd'hui :

Les affaires arabes et les commandements supérieurs (nous ne parlons pas des commandements de division et de subdivision) comptent environ 200 officiers des grades intermédiaires entre ceux de sous-lieutenant et de colonel. En supposant que, l'un dans l'autre, ces officiers ne touchent qu'une solde de 3,000 fr., ils coûtent..	600,000 fr.
Les diverses indemnités extraordinaires auxquelles ils ont droit en dehors de leur solde figurent au budget de 1865 (chap. 6, § 1), pour.....	359,095 fr.
Les Bach-Aghas, Khalifats et autres chefs payés par l'Etat émargent ensemble (chap. 6, § 2), pour . . .	266,000

Les frais d'investiture et de présents (§ 3) s'élèvent à	35,000
Les Khialas ou cavaliers indigènes (§ 4) coutent	170,000
Trois régiments de spahis, troupe qui, on le sait, n'est et ne peut être utilisée que dans le service de la police et de l'administration des arabes, coutent (chap. XIV)	5,035,665
Les chefs indigènes perçoivent le dixième de l'impôt arabe, à titre de rétribution, soit en calculant l'impôt sur une moyenne annuelle de dix millions	1,000,000
Les nombreux cavaliers auxiliaires et autres agents des bureaux arabes rétribués sur les fonds du budget des centimes additionnels, doivent bien coûter	100,000
Ce qui donne un total de . . .	7,565,760 fr.

C'est donc environ sept millions cinq cent mille francs, et non pas cent cinquante mille francs que coûte annuellement le personnel administratif des indigènes.

Et remarquons que nous ne comprenons dans ces chiffres que très strictement ce qui sert à la solde et à l'entretien de ce personnel.

Ainsi nous négligeons :

Dans le personnel français, le grand nombre de sous-officiers, caporaux et soldats, employés à divers titres auprès des commandements supérieurs et des officiers des affaires arabes.

Dans le personnel indigène, les nombreux agents qui reçoivent des rétributions directement perçues par eux sur les administrés, sous différentes formes.

Nous négligeons encore les dépenses du matériel.

De même que nous omettons avec soin toutes les dépenses concernant les services de la justice, de l'instruction publique, des forêts, des finances, etc., enfin tout ce qui n'entre pas dans les dépenses du personnel administratif proprement dit.

Et voilà comment le régime militaire, qui, en apparence est tellement économique que son budget se solde avec 150,000 fr., coûte bien en réalité 7,500,000 fr. au grand minimun, soit 2 fr. 50 par tête d'habitant, et ce, en ce qui concerne strictement le personnel administratif et politique.

VIII.

FLAGRANTES ILLÉGALITÉS.

Pour en finir avec cet examen trop long déjà peut-être, des actes du régime militaire, nous terminerons en citant, entre autres, une des circonstances dans lesquelles il a prouvé que si, poussé dans ses derniers retranchements il cède quelquefois en apparence, il n'en est pas ainsi en réalité.

On sait que parmi les améliorations que l'Algérie doit au ministère spécial dont elle a été gratifiée pendant un temps trop court, il faut compter un agrandissement notable des territoires civils, au détriment, bien entendu, des territoires militaires.

Le décret du 16 août 1859 qui fixait la nouvelle délimitation des quatre arrondissements du département d'Alger était précédé d'un exposé des motifs dans lequel on remarque les passages suivants :

« . . . .

Conformément aux vues libérales de l'Empereur, ces autorités ont été invitées à diriger leurs études dans le sens d'une large et progressive extension du territoire remis à l'administration civile. . . . . . . ces instructions ont été suivies avec autant d'intelligence que de zèle et je suis heureux d'avoir à signaler à v. m. *l'accord complet qui existe entre les propositions du général commandant la division et les propositions du préfet du département* pour cette importante affaire, dont j'avais pu d'ailleurs discuter les points avec eux. *C'est le résultat de ces propositions, auxquelles M. le commandant supérieur des forces de terre et de mer a donné son adhésion,* que j'ai l'honneur de soumettre à l'approbation de v. m.

. . . .

« arrondissement de Milianah, ... cet arrondissement comprendra en outre, les territoires occupés par les Bouhallouan, les Rhiras, *les Abids et Fraïlias et les Ouled-Kosséir* et qui, réunis, présentent une superficie de près de 60,000 hectares, habités par environ 16,000 indigènes. Les Bouhallouans et les Rhiras sont rattachés à la commune de Vesoul-Benian avec 20,600 hectares. *Les Abids et les Fraïlias complètent le territoire* de la nouvelle commune *de Duperré* en lui apportant une superficie de 8,000 hectares, peuplés de 1,300 habitants. *Les Ouled-Kosséir* qui se divisent en deux sections, cheragas ou orientaux et gharabas ou occidentaux *fournissent au district d'Orléansville* un contingent de 29,000 hectares et de 16,150 habitants.

« *Il est à remarquer qne si l'on excepte* les Hassen-Ben-Ali dans l'arrondissement de Médiah et les Ouled-Kosséir dans l'arrondissement de Milianah, *aucune des populations dont l'administration va être confiée à l'autorité civile* n'existe réellement à l'état de tribu proprement dite.......

« .... Les Aribs des environs d'Aumale, les Bou-Hallouan, *les Abids et les Fighaïlia* sont de ce nombre; *toutes les terres qu'ils habitent* et qu'ils n'occupaient, dès le principe, qn'à titre d'usufruitier, *étaient essentiellement domaniales......*

« *Ainsi pour toutes ces populations, ni la constitution de la tribu ni la constitution de la propriété n'apportent le moindre obstacle à la substitution immédiate du régime civil au régime militaire.* J'ajouterai que le caractère généralement pacifique de ces indigènes............ leur contact habituel avec les populations européennes, leurs besoins et leur intérêt, tout enfin contribue à en rendre l'administration facile pour l'autorité nouvelle à laquelle ils ont été confiés. — Quant aux *Ouled-Kosséir* et aux Hassen-Ben-Ali, restés jusqu'ici à l'état de tribu, je dois faire observer à votre Majesté, que cette situation sera bientôt modifiée par le cantonnement — *Cette opération terminée chez les premiers est commencée et se poursuit* sans rencontrer d'obstacle, chez les seconds; la tribu des Hassen-Ben-Ali est, d'ailleurs, l'une des premières de l'ancien Beylik de Tytteri qui se soit rangée sous notre domination, et elle s'est toujours montrée inébranlable dans sa fidélité..... »

Il résulte *très-explicitement* de ce rapport :

1° Que les tribus des Fighaïlias et des Abids, n'existent pas réellement à l'état de tribu, proprement dites, et que les terres qu'elles occupent sont essentiellement domaniales.

2° Que si les tribus des Ouled Kosséir et des Hassen ben Ali, étaient restées jusques là à l'état de tribu, l'opération du cantonnement appelée à modifier cet état de choses, était terminée chez les premiers et commencée chez les seconds, lors de la signature du décret c'est-à-dire le 16 août 1859.

3° Enfin que par conséquent, à cette même date du 16 août 1859 et ce de l'avis conforme du général commandant la Division d'Alger et du Préfet du département d'Alger, ni la constitution de la tribu, ni la constitution de la propriété n'apportaient aucun obstacle à la substitution immédiate du régime civil au régime militaire, pour ces différentes tribus.

Et cependant, et bien que le décret du 16 août 1859, *ait été promulgué* et rendu exécutoire *en Algérie il y a par conséquent tantôt six ans, la remise de fait des Abids, des Fraïlias, des Ouled Kosséir* et *des Hassen ben Ali, remise qui de l'aveu des autorités militaires, ne souffrait aucun inconvénient dès le 16 août 1859, n'a pas encore été faite à l'autorité civile !*

Ainsi depuis cinq ans et demi, voilà une commune, la commune de Duperrié, qui attend la remise de fait d'une superficie de 8,000 hectares qui, légalement, complète depuis la même époque son territoire !

Ainsi depuis cinq ans et demi tous les habitants des territoires des Abids, des Fraïlias, des Hassen ben Ali et des Ouled Kosséir, qui ont été jugés par des tribunaux militaires, ont été mal jugés, puisque légalement ils n'étaient justiciables que des tribunaux civils!

Mais ce n'est pas tout :

Le cantonnement des Hassen ben Ali qui était commencé et se poursuivait dès le 16 août 1859, n'a jamais été terminé et cette tribu figure aujourd'hui parmi celles chez lesquelles on s'occupe de l'exécution du sénatus-consulte de 1863!

D'un autre côté les Abids et les Fraïlias ont été cantonnés dans l'intervalle mais veut-on connaître le résultat de cette opération que le décret ne présentait pas comme nécessaire? Ces tribus qui, disait l'exposé des motifs du décret du 16 août 1859 « n'existent pas réellement à l'état de tribus « ces tribus qui ne comptaient « qu'une population hétérogéne de 1.300 habitants, pour une superficie de 8,000 hectares » ; ces tribus qui étaient « établies sur des terres essentiellement domaniales » n'ont pas fourni un seul hectare de terre pour la colonisation! — Ce dont ces 1.300 habitants n'ont pas été rendus propriétaires a été concédé à d'autres Indigènes!

Quant aux Ouled Kosséir qui dès le 16 août 1859 étaient déjà cantonnés, l'autorité militaire a trouvé une autre raison pour les conserver sous sa tutelle, elle a voulu les organiser en villages. Cette mesure, quelque paternelle qu'elle puisse paraître de loin, a été fort mal comprise par ceux qui en ont été l'objet. Il est vrai qu'elle a eu pour son résultat le plus immédiat de forcer les Arabes à transporter des pierres, du bois, de l'eau, etc., pour leurs constructions, de les exposer à des amendes lorsqu'ils manquaient au travail, de les forcer en outre à une dépense au dessus de leurs moyens. Il est vrai encore que quelques-uns d'entre eux pour éviter de débourser une somme qu'ils n'avaient peut-être pas d'ailleurs, ont préféré renoncer à leurs droits, à la future propriété des terres, en faveur d'un spéculateur européen ou indigène qui consentait, à ses risques et périls, à faire la dépense pour eux ; et que d'autres plus philosophes encore, ont abandonné et terre, et maison et tribu, pour pouvoir passer sur le territoire civil, seul moyen radical d'échapper à la trop paternelle tutelle des bureaux arabes.

Les Abids et les Fraïlias, ont été eux aussi dans l'obligation de se réunir en villages. Or nous connaissons des indigènes de ces tribus qui ont cédé, pour quitter le pays, leurs droits à la maison qu'ils avaient dû construire et au lot de terre qui devait leur échoir, contre une somme de 25 à 30 fr. ! Et nous parierons volontiers, qu'à l'heure qu'il est, il y a neuf concessionnaires sur dix qui ne sont plus propriétaires !

Ainsi on le voit il ne suffit pas à l'autorité militaire, d'avoir dans l'autorité civile un instrument des plus dociles ; Elle ne veut pas qu'il y ait d'autre volonté que la sienne propre ; les lois, les décrets, sont lettres mortes pour elles lorsqu'ils ne sont pas dûs à sa seule initiative, ou lorsqu'ils cessent de lui convenir.

Nous venons de voir un décret qui a été rendu et promulgué il y a près de six années, eh bien pendant cinq années et demie, l'autorité militaire a su éluder les dispositions de ce décret, attendant patiemment et avec une tenacité incroyable, l'occasion de l'annuler légalement.

Au reste, bien elle fait, puisqu'elle finit toujours par avoir raison : En la circonstance n'avons-nous pas vu le décret du 7 juillet 1864, prononcer le retour à l'autorité militaire de ces mêmes tribus arabes qui, sur le papier, avaient été rattachées au territoire civil en 1859, et qui en réalité ne sont jamais sorties des mêmes mains !

IV.

Conclusion.

Les bornes restreintes dans lesquelles nous devons nous renfermer, nous forcent à borner là notre étude du régime militaire dans les principaux de ses actes. Mais il nous serait facile d'établir que le même désordre, les mêmes tiraillements, les mêmes contradictions qui caractérisent la direction imprimée à l'administration militaire, vont en se multipliant au fur et à mesure que l'on descend du haut au bas de la hiérarchie administrative.

Le gouverneur général lutte continuellement pour se soustraire à l'influence du ministre de la guerre, tandis que de son côté le ministre tend, au contraire à ressaisir lorsqu'elle lui échappe ou à la conserver intacte lorsqu'il la tient, la centralisation des affaires de l'Algérie (1). De là des tiraillements perpétuels et les change-

(1) Non-seulement M. le maréchal Randon a été des premiers à demander comme ministre de la guerre la suppression du cantonnement qu'il avait inventé comme gouverneur général, mais encore, ceux qui suivent avec quelqu'attention les affaires de l'Algérie, ont pu remarquer avec quel empressement ce ministre a saisi l'occasion de la mort du maréchal Pélissier pour faire appliquer à l'Algérie tout un nouveau plan de réorganisation. (Les décrets du 9 juillet 1864 et suivants).

ments continuels de systêmes, selon que c'est l'une ou l'autre de ces influences dont les idées prévalent auprès de l'Empereur. De là aussi les étranges revirements complets dans les opinions d'un même homme, selon que cet homme occupe aujourd'hui le poste de gouverneur et demain celui de ministre.

Ce que fait le gouverneur pour échapper à l'action du ministre, les généraux le font eux-mêmes envers lui : Il n'existe peut-être-pas un seul décret, une seule instruction du gouverneur qui aie reçu une application identique dans les trois provinces. (1).

Les commandants des subdivisions et des cercles, en agissent de même à l'égard des commandants des divisions, et enfin, au bas de l'échelle on trouve les bureaux arabes qui, forts de se sentir les bases du puissant édifice que forme le régime militaire, se retranchent derrière *les nécessités de la politique arabe,* pour mener les affaires chacun à sa guise.

Il serait difficile de rendre l'anarchie qu'engendre un pareil état de choses. Sous ce rapport on ne saurait comparer l'Algérie qu'à une réunion d'autant de petits gouvernements dictatoriaux différents qu'il y a de cercles militaires ou de bureaux arabes.

Ici le chef du bureau arabe est aristocrate (peut-être

(1) Voici un exemple entre mille de la facilité que rencontre le gouverneur à faire appliquer ses idées par les généraux de division sous ses ordres. Cet exemple nous le prenons dans une circulaire de M. le gouverneur général Randon, du 20 mai 1858.

« Général, *les instructions que j'ai données à différentes reprises* et notamment par ma circulaire du 19 juin 1856, en vue d'étudier les bases du cantonnement des tribus, *sont restées sans aucune suite,* où n'ont amené jusqu'ici que des résultats à peu près insignifiants. »

par cette seule raison qu'il est lui-même d'origine très-plébéienne), il croit à la nécessité d'élever une féodalité arabe. Alors il passe tout son temps à soutenir et fortifier l'existence des grands commandements, à substituer ce qu'il appelle *des hommes de grandes tentes* aux *parvenus* que son prédécesseur avait investi de fonctions quelconques.

Là, au contraire, il est démocrate : les grands commandements sont démembrés; les grands chefs sont mal menés, tout caïd qui passe pour un homme de naissance est condamné à être remplacé bientôt par un homme de la dernière classe de la société arabe.

Ailleurs il aime le faste, l'éclat, quiconque veut l'approcher doit avoir de beaux chevaux, des harnachements en velours brodé d'or et d'argent, des fusils montés en argent : les chefs arabes passent leur vie à donner des fêtes, des grandes chasses, et les administrés à en payer les frais.

Plus loin il ne voit que conspiration partout, que trames inextricables : c'est le régime inquisitorial en permanence.

Et ainsi des autres.

Mais le pire encore c'est que le chef du bureau arabe n'est pas éternel, c'est que loin de là il change fort souvent de résidence, d'où il résulte que la même population a le plus souvent eu le malheur de tomber successivement des mains d'un aristocrate dans celles d'un démocrate, de celles d'un démocrate, dans celles d'un dandy, de celles d'un dandy dans celles d'un inquisiteur.....

..... c'est-à-dire de passer par autant de transformations successives que le premier chef du bureau arabe a eu de successeurs.

Et qu'on ne croie pas qu'il y ait rien d'exagéré dans ce tableau, bien au contraire.

Nous pourrions, si au lieu de nous en prendre aux institutions nous voulions, ce qui est très-loin de notre pensée, nous en prendre aux hommes, nous pourrions citer tel chef de bureau arabe qui pendant tout le cours de sa carrière, découvrait régulièrement une ou deux fois par an un complot qui embrassait la majeure partie de l'Algérie, et deux ou trois *fanatiques* qui prêchaient la guerre sainte. Lorsqu'il relevait de chefs trop faibles ou trop crédules, ces découvertes prenaient des dimensions gigantesques, on expéditionnait, on frappait des amendes, on emprisonnait. Lorsqu'au contraire il avait affaire à des chefs incrédules, il en était réduit à fulminer dans des rapports qu'on ne pouvait arrêter, il finissait parfois par avoir raison malgré ses chefs, et dans tous les cas il n'en donnait pas moins carrière, quoique sur une plus petite échelle, à ses actes de rigueur.

Mais il est un fait qui vient à l'appui de notre assertion et de la véracité duquel tout le monde peut s'assurer à l'aide des feuilles locales: la nomination d'un chef de bureau arabe dans une localité, est toujours suivie de la révocation d'un très-grand nombre d'agents indigènes.

Sans insister d'avantage, nous dirons qu'il y a des coins de l'Algérie où les esclaves n'étaient pas émancipés il y a cinq ans et ne le sont probablement pas encore aujourd'hui : cela ne tenait qu'à une chose, c'est que ces lieux là avaient eu le malheur de ne compter que des esclavagistes parmi les chefs de bureaux qui s'y étaient succédé.

Mais résumons :

En apparence les agents du régime militaire puisent

dans la discipline militaire à laquelle ils sont rompus, une communauté d'idées et de principes, une soumission à une unité d'impulsion qui les font tous tendre par des moyens identiques à un but unique.

En réalité au contraire, assez semblables en cela aux chevaux qui ont longtemps plié sous le harnais et se voient tout-à-coup en jouissance d'une liberté dont ils ignoraient jusqu'à l'existence, ils marchent chacun à l'aventure, sans autres guides que leur caprice, sans égard pour ce qui s'est fait avant eux ou se fera après eux, sans se soucier de ce qui se passe à leur porte.

Loin de conserver les mœurs, lois et usages, aux populations indigènes, de sauvegarder leurs droits à la propriété, de les pousser indirectement dans la voie du progrès, d'abattre leur fanatisme religieux, de dissoudre leur nationalité, ils ont tout bouleversé, ils ont privé les Indigènes du premier de tous les droits que donne la propriété : celui de disposer de son bien ; ils ont *imposé* les derniers des progrès à désirer ; ils ont tout fait pour exciter le fanatisme religieux et réveiller l'esprit de nationalité si ces deux sentiments avaient jamais existé chez leurs administrés.

En un mot :

Si en apparence le régime militaire, c'est la réglementation et la protection poussées à l'exagération.

En réalité c'est pis que cela : c'est la plus aveugle et la plus absolue des anarchies.

CHAPITRE TROISIÈME.

LE RÉGIME MILITAIRE AU POINT DE VUE DE L'ARMÉE.

I.

LE PRÉJUGÉ.

Certainement la France a bien compris que pour elle l'Algérie représente tout à la fois :

La plus belle et la plus étendue des annexes dont elle ait jamais pu ambitionner la possession ;

Des espaces considérables où déverser tôt ou tard le trop plein de sa population ;

Des terres spéciales susceptibles de produire les matières premières que lui refuse le sol de la métropole et pour lesquelles elle est tributaire de l'étranger ;

Une population indigène, pauvre, sobre, acclimatée, façonnée au joug et disposée à lui donner ses bras en échange des améliorations matérielles et morales vers lesquelles elle aspire ;

La clef du commerce de l'intérieur de l'Afrique ;

Mais malheureusement la France qui pousse si loin

l'amour de la gloire et partant du soldat qui la personnifie, la France a crû voir encore autre chose dans l'Algérie. Elle a crû y voir une vaste école militaire susceptible de tripler la valeur de ses soldats, et de lui former de grands capitaines, et, comme cette croyance flatte sa passion dominante, elle impose volontiers silence à sa conscience qui lui crie que sa conquête lui impose de très-sérieuses obligations.

Nous risquerions donc fort d'avoir très-peu servi la cause que nous défendons si nous en étions réduits à nous en tenir à la démonstration que nous avons faite que l'élément militaire s'acquitte aussi mal que possible de la mission spéciale dont il est exceptionnellement chargé en Algérie — heureusement nous sommes en mesure de faire plus que cela :

Nous prouverons que l'armée et par conséquent ses admirateurs les plus aveugles, ceux qui croient le plus fermement à la nécessité de son existence, sont encore plus intéressés que notre commerce, que notre industrie, que l'émigration, que la population civile de la colonie, que la population indigène, à ce que le régime militaire se voie substituer au plus tôt le régime civil.

Nous établirons que défendre la cause du régime militaire c'est du même coup saper dans leurs bases toutes les idées reçues sur la nécessité de l'existence permanente de cadres formidables.

Et cela nous le ferons, bien entendu, en nous plaçant au point de vue exclusif des intérêts de l'armée, en nous faisant un instant militaires nous-mêmes.

Ce travail aura d'ailleurs un double résultat : non seulement il démontrera que l'organisation administrative donnée à l'Algérie, est sous tous les rapports en opposition directe avec les véritables intérêts de l'armée et contraire au développement de ses facultés dont on se montre si jaloux, mais encore il établira que l'incapacité que montrent nos militaires administrateurs, ils la tiennent de leur origine elle-même, qu'en d'autres termes ils ne sont mauvais administrateurs que parcequ'ils étaient destinés à faire de bons soldats, et qu'enfin ils seront inévitablement de mauvais soldats, le jour où ils rentreront dans les rangs de l'armée, par cette raison même qu'ils auront été administrateurs.

II.

SUBDIVISION DE L'ARMÉE EN RANGS ET EN CADRES.

L'armée, au point de vue de son organisation, se compose de deux éléments très-distincts :

1° Les simples soldats qui forment ce que l'on nomme *les rangs*.

2° Les chefs qui forment ce que l'on appelle *les cadres*.

Cette distinction est très-réelle. En effet :

Les rangs peuvent être réduits ou augmentés selon les nécessités du moment et sans engager l'avenir ;

Les cadres sont tout au contraire essentiellement permanents, quelque soit le degré de sécurité on ne saurait y toucher ;

Tout homme valide est susceptible de faire un soldat en quelques mois ;

Le temps, au contraire, est tout pour la formation de bons cadres;

Pour faire un bon soldat il ne faut que le courage, l'intrépidité et autres qualités naturelles.

L'officier doit joindre à ces qualités, des connaissances qui ne sauraient s'acquérir que par l'étude et surtout par la pratique journalière et continue du métier.

Pour le soldat, l'état militaire est un métier qui ne demande que peu ou point d'apprentissage ;

Pour l'officier c'est une carrière, un art, une spécialité.

Le soldat c'est le corps, c'est la machine ;

L'officier représente la tête, le moteur.

Enfin ce sont les cadres qui font la valeur réelle d'une armée : des soldats médiocres, bien dirigés, feront des prodiges là où les meilleures troupes mal commandées ne sauraient que se faire tuer sans profit.

Ce qui équivaut à dire tout d'abord que par l'armée, lorsqu'il s'agit de discuter son organisation, sa valeur, ses intérêts, il faut entendre *les cadres de l'armée.*

III.

AUTRE DISTINCTION A FAIRE.

Au point de vue spécial de son emploi en Algérie, l'armée, ou plutôt les cadres de l'armée, se décomposent également en deux parties bien distinctes :

1° L'armée proprement dite, l'armée militante, c'est-à-dire ceux de nos soldats qui font en Algérie ce qu'ils font partout, qui se battent en temps de guerre et font le service réglementaire de garnison en temps de paix.

2° La portion des cadres de l'armée, affectée au gouvernement et à l'administration de l'Algérie, c'est-à-dire les officiers de tous grades qui sont distraits du service militaire — c'est ce que nous nommerons les militaires-administrateurs.

Cette distinction est non moins importante à noter que la première. En effet :

L'armée militante proprement dite est indépendante du régime qu'il peut plaire de donner à l'Algérie. Sous un régime civil, tout aussi bien et même davantage que sous le régime militaire, c'est à elle que reviendra toujours l'honneur de se battre contre les Indigènes s'ils viennent à se soulever. Au reste nous remarquerons en passant que si quelque chose a contribué en Afrique à ajouter des qualités à notre armée militante, c'est beaucoup moins la lutte contre les hommes que la lutte contre les éléments et contre les maladies. Si l'on en excepte les premières années de la guerre, c'est-à-dire l'époque où Ab-del-Kader possédait les bataillons de réguliers que nous l'avions aidé à se former, à quoi se réduisent en somme la majeure partie de nos rencontres avec les Indigènes? Aussi ce qui a été d'un véritable profit, pour nos soldats, c'est uniquement les marches et les contremarches, qui entreprises en toutes saisons, sous un climat aujourd'hui tropical et demain glacial, ont forcé la routine à apporter dans l'équipement et dans l'habillement de nos troupes d'heureuses modifications. Ces troupes qui étaient arrivées en Afrique, vêtues et équipées pour la parade, c'est-à-dire très-lourdement, en sont revenues après avoir su sacrifier beaucoup des prétendues beautés de la tenue de parade aux nécessités de la vie militaire active. Mais ce côté de la vie militaire que le soldat trouve en Afrique, cela est vrai ; d'abord ne le trouve-t-il pas également dans les camps de l'intérieur, cette récente et utile institution, et ensuite le rencontrerait-il moins en Afrique parce que le pays serait plutôt soumis à telle forme de gouvernement qu'à telle autre ?

Les militaires administrateurs au contraire n'existent que par et pour le régime spécial auquel est exceptionnellement soumise la colonie. La substitution du régime civil au régime militaire aurait pour effet immédiat de les faire rentrer dans les rangs de l'armée militante.

L'armée militante c'est la généralité, c'est l'état normal.

Les militaires administrateurs, c'est l'exception, l'état anormal.

D'où il résulte que lorsque l'on prétend qu'il est profitable à l'armée, de laisser en ses mains le gouvernement et l'administration de l'Algérie, il faut entendre:

Que les officiers qui sont distraits provisoirement des rangs de l'armée militante, pour être employés à l'administration du pays — soit les militaires-administrateurs — étant plus aptes à constituer à leur rentrée dans l'armée militante, de bons chefs de corps ou d'armée, que s'ils eussent suivi toute leur carrière intégralement dans les rangs, leur rôle exceptionnel doit leur être conservé dans l'intérêt même de l'armée ;

Qu'en un mot c'est dans la personne des militaires-administrateurs que l'armée est indirectement intéressée au maintient du régime militaire dans la colonie.

Pour résoudre ce côté de la question Algérienne, il faut donc se placer au point de vue militaire et étudier d'une part quels sont les principes sur lesquels repose l'organisation de l'armée française, et d'autre part quelle est la nature des fonctions remplies par les officiers détachés pour le gouvernement et l'administration de l'Algérie : Le rapprochement entre ces deux études donnera la réponse à la question posée.

IV.

DE CE QU'ON EST CONVENU D'APPELER LES QUALITÉS DE L'OFFICIER DE TROUPE ET DES MOYENS EMPLOYÉS POUR AMENER LE DÉVELOPPEMENT DE CES QUALITÉS.

L'esprit militaire ; la conscience de la solidarité réciproque ; l'obéissance la plus passive et la plus aveugle au commandement ; l'équité dans l'exercice d'une puissance ne s'étendant pas au-delà d'un rayon très-limité mais d'ailleurs des plus absolues ; une probité, une loyauté, une franchise à l'abri de tout soupçon ; Enfin l'abnégation la plus complète de tous sentiments pouvant prendre leur source dans les liens de famille ou dans des intérêts matériels à suivre ailleurs que dans la pratique elle-même de l'art militaire ; telles sont les qualités qui paraissent être nécessaires pour faire un parfait militaire, au point de vue de l'excellence des cadres.

Mais ces qualités sont trop diverses et trop nombreuses pour qu'elles puissent se rencontrer toutes et suffisamment développées chez tous les hommes qui font leur carrière de l'état militaire.

Il en est même plusieurs qui sont en quelque sorte opposes aux penchants naturels à l'homme. Il a donc fallu viser aux moyens de former chez l'individu, ce caractère en quelque sorte factice. Pour y parvenir le législateur s'est servi de deux voies différentes : une rigoureuse réglementation de l'avancement et la discipline.

Voici en quelques mots comment est réglementé l'avancement :

On ne peut arriver au grade de sous-lieutenant que par l'école militaire ou qu'après avoir franchi les grades inférieurs de caporal et sous-officier qui ne sont donnés qu'exclusivement au choix.

A partir du grade de sous-lieutenant, presque tous les autres sont accessibles à l'ancienneté, mais les choses sont réglées de telle sorte que les médiocrités ne peuvent presque jamais franchir par cette voie le grade de capitaine ou tout au plus de chef de bataillon.

Aucun grade ne peut être sauté, il faut au contraire passer par tous les degrés de la hiérarchie, et s'arrêter à chacun d'un au moins un minimum réglementaire.

Enfin jusques au grade de capitaine inclusivement, l'avancement ne peut avoir lieu que dans le régiment même.

Or il est facile de découvrir les buts que se propose et qu'atteint cette réglementation.

En ne donnant qu'exclusivement au choix les grades inférieurs à celui de sous-lieutenant, on rend l'épaulette inaccessible aux intelligences trop bornées.

En donnant au contraire partie au choix et partie à

l'ancienneté, les grades d'officiers jusques et y compris celui de chef de bataillon, on conserve les moyens de faire franchir ces grades avec une rapidité qui n'est jamais que relative, aux individus qui paraissent doués de moyens hors lignes, et d'y maintenir au contraire jusques à leur retraite et sans les décourager cependant, les individus qui, au contraire, appartiennent, comme intelligence, à la médiocrité.

En maintenant l'individu dans le même régiment où il a débuté, tant qu'il ne prend pas — s'il l'atteint jamais — le grade de chef de bataillon, on obtient deux résultats également précieux :

D'abord l'officier reste toujours sous la même tutelle et ne sort pas d'un cercle très-étroit;

Ensuite on donne naissance à l'émulation entre les cadres des différents régiments.

Qu'en advient-il?

C'est que le régiment a tous les bénéfices de ses actions. S'il court les risques d'une affaire périlleuse, tous les profits en sont pour ses seuls membres, car seuls ils doivent profiter des vides que la guerre fera dans ses rangs. C'est ainsi que l'on peut voir que les cadres, depuis le haut jusques au bas de l'échelle, sont beaucoup plus avancés dans les régiments qui ont fait plusieurs campagnes ou pris part à des combats meurtriers, que dans les régiments qui ont été retenus en France : C'est là au reste ce qui donne naissance à l'esprit du corps, cette subdivision de l'esprit militaire.

Quant à la discipline voici ses règles principales.

Les officiers d'un même régiment vivent entre eux : ils ne sont libres ni de s'isoler les uns des autres, ni de se mêler aux officiers d'un autre régiment et encore moins à l'élément civil. De fréquents changements de garnison les empêchent de se créer des relations sérieuses nulle part. Enfin on leur prend le plus possible de leur temps en les astreignant à l'employer à monter des gardes; faire des exercices, des parades, des appels, des promenades militaires, des théories; passer des revues; se plier enfin à tous ces riens qui seraient ridicules s'ils n'étaient justifiés par la nécessité d'arriver à ces multiples résultats : *Isoler le militaire au milieu de l'élément civil*, le soumettre à une obéissance passive et irréfléchie aux ordres même les plus bizarres, l'amener à l'indifférence complète pour tout ce qui n'est pas du métier, en un mot développer en lui toutes les qualités conventionnelles qui font le bon soldat.

Nous n'ignorons pas qu'au point de vue général, tout le monde n'approuve pas ce caractère factice qu'on forge au soldat, pour ainsi dire à son insu, mais n'oublions pas que nous nous plaçons ici au point de vue militaire, c'est-à-dire à celui de l'armée telle qu'elle existe aujourd'hui, et telle que le français en général veut la voir exister. Or sans ces qualités — ou ces défauts, selon qu'il plaira de les appeler — la partie intelligente de l'armée sait bien que la nécessité de sa permanence ne tarderait pas à être fortement révoquée en doute.

Une dernière remarque à faire c'est que tout ce qui n'est pas exclusivement du métier a été soigneusement écarté des cadres proprement dits. — Ces services spéciaux ont été confiés à des corps qui, comme l'intendance, les administrations de l'habillement, du campement, des hôpitaux, etc., sont militaires il est vrai et sont même composés d'hommes ayant occupé des grades dans l'armée militante, mais dont les membres ne sont plus aptes à rentrer dans les cadres de l'armée proprement dite dès qu'ils en sont sortis.

V

DES MILITAIRES-ADMINISTRATEURS, OU AGENTS DU GOUVERNEMENT MILITAIRE ALGÉRIEN.

Le gouvernement militaire algérien se compose du personnel des affaires arabes et des commandements de division, subdivision et cercles.

Les officiers ne sont admis dans les affaires arabes que sur leur demande. Ces positions sont beaucoup moins enviées qu'on ne serait disposé à le croire, par cette raison même qu'elles ne sauraient être sympathiques à quiconque a l'esprit militaire. Loin d'être occupées par des individus choisis, elles sont données avec empressement à tout ce qui veut bien se présenter de bonne volonté.

Cependant, pour se porter candidat il ne faut être que sous-lieutenant ou tout au plus lieutenant. Il y a à cela une raison, c'est que si l'on admettait des officiers de tous grades, il en adviendrait qu'un capitaine, par exemple, à son début dans les affaires arabes, se trouverait forcément sous les ordres d'un officier moins avancé en grade comme militaire, mais avancé dans l'échelle particulière de l'administration, chose incompatible avec les principes qu'un officier ne saurait jamais abdiquer complètement.

Il n'est exigé aucune étude spéciale préalable. L'officier en mettant le pied sur la terre de l'Algérie, peut immédiatement entrer dans les affaires arabes.

On y débute comme adjoint stagiaire ; au bout de six mois, un an de stage, on passe adjoint titulaire. Ce dernier emploi est déjà très-important, car en l'absence du chef du bureau, l'adjoint titulaire le supplée entièrement.

Quatre années en moyenne après son premier début dans les affaires, l'officier arrive à être chef de bureau de cercle, puis enfin il atteint l'emploi de chef de bureau de subdivision.

Il est facile à se représenter la rapidité avec laquelle on arrive dans les affaires arabes. Il suffit de dire que les bureaux subdivisionnaires ne comptent peut-être pas un seul chef de bataillon, et que les chefs des bureaux de cercle sont généralement des lieutenants et très-exceptionnellement des capitaines.

Les bureaux subdivisionnaires ou de 1re classe diffèrent de ceux de cercle ou de 2e, non par l'importance des attributions, mais presque uniquement en ce que les premiers siègent dans les chefs-lieux de subdivision, tandis que les seconds sont placés dans les chefs-lieux de cercle.

Pour se rendre compte de l'importance approximative de chacun de ces bureaux, il suffit de remarquer que toute la division d'Alger, c'est-à-dire, tout le territoire qui s'étend, entre Alger au nord, et une ligne passant bien au sud de Laghouat, au midi, et entre une ligne passant entre Sétif et Aumale à l'est, et une autre prenant naissance entre Ténès et Mostaghanem à l'ouest, ne compte que douze bureaux arabes, dont 5 de 1re classe et 7 de 2e.

Le chef d'un bureau arabe commande à un territoire qui compte jusqu'à plusieurs centaines de lieues carrées, qui est habité par une population variant entre soixante mille âmes et plusieurs centaines de mille, et qui peut payer jusqu'à un demi million d'impôts de toute nature. Et cependant ce fonctionnaire, avec le seul concours de un à deux officiers adjoints, d'un interprète et d'un nombre très-limité de spahis et de cavaliers auxiliaires, doit suffire absolument à toutes les exigences d'un tel territoire, à l'abri de tout contrôle et sous le seul et très nominal couvert de son commandant supérieur.

Comme commandant politique, il est juge des délits politiques qui entraînent jusqu'à la déportation : il lève les contingents armés en temps de guerre, et en prend le commandement ; il prononce ou propose la révocation des chefs indigènes et pourvoit à leur remplacement ; enfin, il décide de la paix et de la guerre.

Comme maire, il établit le projet de budjet des dépenses à faire sur les quarante, soixante ou quatre-vingt petites communes que représentent les tribus en nombre égal fixées sur son territoire.

Comme juge de paix et comme tribunal de simple police, il a à prononcer chaque jour sur des contestations qui atteignent quelquefois jusqu'au chiffre de cinquante et plus, et dont quelques-unes entraînent des condamnations à l'amende, à la prison ou à la confiscation.

Comme officier de police judiciaire et juge d'instruction, il recherche, constate et instruit les affaires criminelles, et il décide s'il y a lieu ou non à mise en accusation.

Comme agent du fisc, il fait établir et il arrête les listes de recensements des matières imposables, matières essentiellement variables, on le sait ; enfin, il fait opérer les recouvrements par ses agents indigènes.

Comme représentant de la justice, enfin, il a la haute surveillance sur les vingt ou trente tribunaux indigènes qui fonctionnent dans son ressort, et il provoque la révocation et pourvoit au remplacement de tous les membres de ces tribunaux.

Au bout de quelques années passées dans les fonctions, l'homme qui est entré dans les affaires comme sous-lieutenant, se trouve ancien capitaine sinon commandant, alors, toujours par la force des choses, pour faire place à ceux qui viennent après lui, il arrive à un commandement de cercle.

Ici les fonctions gagnent encore en importance — A la haute main sur les affaires arabes, il joint des pouvoirs du même genre en administration française. Il est commandant supérieur pour le militaire, sous-préfet, maire, etc., etc., pour la population civile.

Arrivé là, l'officier attend tranquillement d'avoir atteint le grade de colonel ou de lieutenant colonel pour, s'il ne prend pas alors le commandement d'une subdivision, entrer dans le régiment auquel, grâce au numéro qui le distingue, il sait appartenir.

Ainsi on le voit l'état de choses actuel a pour résultat de rendre à l'armée proprement dite avec le grade de lieutenant colonel ou de colonel, des hommes qu'il lui a pris comme sous-lieutenants.

On pourrait bien citer l'exemple d'un homme qui n'a jamais figuré dans l'armée, même comme simple soldat, autrement que sur les rôles et qui y est entré un beau jour pour y prendre le commandement d'un régiment, mais c'est là l'exception et on ne doit jamais raisonner que sur les généralités.

Nous avons vu ce que sont les positions des militaires-administrateurs au point de vue de leurs fonctions. Il n'est pas inutile d'ajouter quelques mots sur la situation qui leur est faite sous le rapport des avantages matériels et des récompenses honorifiques.

Les officiers attachés aux affaires arabes sont, lorsqu'il sortent de l'infanterie, montés aux frais de l'état et, quelle que soit l'arme à laquelle ils appartiennent, ils ont droit à une indemnité supplémentaire annuelle ainsi fixée :

Chefs de bureau et 1er adjoint, dans les bureaux de 1re classe. . . . . 900 fr.

Chefs de bureau et 1er adjoint de 2e classe, et deuxième adjoint dans les bureaux de 1re classe. . . 600 fr.

Adjoints stagiaires . . . . 360 fr.

Ce non compris bien entendu, les rations de fourrage nécessaires à la nourriture de leurs chevaux, et les indemnités pour frais de bureau.

Dès que l'officier est chef de bureau, il est logé et meublé aux frais de l'état, et cela dans des conditions qui lui permettent de tenir vis-à-vis les chefs indigènes le rang qui lui appartient, non quant au grade qu'il a dans l'armée, mais au point de vue de la position élevée qu'il occupe dans l'administration indigène. C'est-à-dire, que sous certains rapports il a presque le luxe.

Voilà pour la vie essentiellement matérielle.

Sous le rapport honorifique, il leur est fait une situation exceptionnelle, qui permet de leur conférer tous ou presque tous les grades au choix, et de leur donner la croix aussitôt qu'ils ont atteint le grade de capitaine et souvent avant.

Mais ceci demande quelques explications.

Nous avons vu que jusqu'au grade de capitaine inclusivement, l'avancement ne peut avoir lieu que dans le régiment même auquel on appartient. Les propositions soit au choix, soit à l'ancienneté sont faites annuellement par le colonel du régiment, et centralisées par l'inspecteur général.

En plaçant les officiers administrateurs tout à fait en dehors des régiments auxquels ils appartiennent, on a dû forcément donner à d'autres officiers supérieurs que leurs colonels le soin de les proposer pour l'avancement.

En effet, les bureaux arabes sont inspectés par les généraux commandant les divisions, qui établissent les propositions à l'avancement, et le travail est centralisé par le gouverneur général.

Voici donc ce qui en résulte :

L'officier détaché dans les bureaux arabes, est proposé *en dehors* de son régiment, mais s'il est donné une suite favorable à la proposition faite en sa faveur, c'est pour les places qui deviennent vacantes dans ce même régiment qu'il ne cesse de concourir.

Mais prenons un exemple :

Le 1er régiment de ligne a deux lieutenants détachés dans les affaires arabes.

A la fin de l'année, le colonel de ce régiment propose au choix pour le grade de capitaine un certain nombre de lieutenants *présents au corps*.

De son côté, le général commandant la division, propose également au choix les deux lieutenants détachés.

Nous supposons que toutes ces propositions sont maintenues.

Dans le courant de l'année suivante, il se présente dans le régiment deux vacances de capitaine revenant au tour du choix. Il n'y a rien d'impossible ou plutôt il est presque certain que ces deux vacances seront données aux officiers détachés, en un mot que les propositions de la direction des officiers arabes, primeront celles du colonel du régiment.

Il en est de même pour la décoration, on doit comprendre facilement que les propositions faites en faveur des officiers par les généraux commandant les divisions, doivent inévitablement primer celles des colonels des régiments et leur être préjudiciable.

Il est vrai que la question était embarrassante.

Devait-on en instituant les affaires arabes en faire un corps tout-à-fait spécial ?

C'eut été d'une mauvaise politique au point de vue des intérêts *personnels* en jeu.

En effet, par quel lien apparent l'institution auraitelle été rattachée à l'armée !

N'aurait-il pas été à craindre de voir bientôt ce corps s'isoler de l'armée, peut-être même rejeté par elle !

La nécessité de ne recruter que dans les rangs de l'armée eut-elle pu tarder beaucoup à paraître très problématique !

Puis comment eût-on pu garantir des chances d'avenir aux membres d'un tel corps dont le cadre eut été relativement assez restreint !

Il n'y avait d'autre moyen d'en sortir que celui qui a été employé :

Soustraire entièrement les officiers-administrateurs à

l'action des chefs de leurs régiments, et les faire bénéficier indirectement des vacances qui se produiraient dans ces mêmes régiments. L'esprit de solidarité dont tout membre de l'armée militaire est imbu, était une garantie que jamais, les officiers administrateurs ne seraient repoussés par leurs camarades.

Il est vrai que c'était là un préjudice assez grave porté aux cadres de l'armée militaire proprement dite, mais ne devait-on pas ce sacrifice au dévouement plein d'abnégation que manifestaient ces officiers qui se sont élevés à une si grande hauteur dans l'administration des indigènes !

Il est vrai que c'était encore créer un motif de découragement et de mécontentement pour cette même armée, mais que pouvait importer, ne savait-on pas que ce découragement et ce mécontentement resteraient secrets !

VI.

RÉSUMÉ.

Résumons :

L'armée proprement dite n'a pas sous le gouvernement militaire, un autre rôle que celui qui lui reviendrait sous un gouvernement civil.

Pour elle il n'y a que deux extrêmes : la paix et la guerre.

En temps de paix tel militaire que soit le gouvernement, elle ne peut en Algérie comme ailleurs, que se livrer à des manœuvres pacifiques, passer des revues, monter des gardes, en un mot se borner à ce qui constitue le service de garnison.

En temps de guerre, tel civil que soit ce gouvernement, c'est à elle seule que doit revenir quand même l'honneur de marcher contre l'ennemi.

Lorsqu'on nous représente l'armée comme intéressée au maintien du *statu quo*, on veut donc dire que les avantages qui, en apparence, ne s'adressent qu'à une de ses fractions, doivent en réalité, profiter, par des conséquences plus ou moins indirectes et immédiates, à l'armée entière.

Or, nous avons vu d'un côté quels sont les principes fondamentaux sur lesquels repose l'organisation de l'armée et d'un autre côté quelle est la nature des fonctions remplies par celle de ses fractions qui se trouve directement en cause.

Les observations les plus frappantes devant résulter d'un rapprochement entre ces deux différents examens peuvent se résumer ainsi :

L'état militaire (en ce qui concerne *les cadres* bien entendu) est considéré comme un *art*, comme une spécialité; pour parvenir à y briller il est nécessaire comme dans toute spécialité de s'y adonner exclusivement. La pratique y est de nécessité d'autant plus absolue qu'elle a pour objet non seulement de faciliter l'étude de la science, mais encore de former un caractère tout exceptionnel à l'individu; de provoquer chez lui, d'une part la production ou l'exaltation de sentiments dont l'existence, ou un certain développement, serait inutile dans toute autre carrière, et d'autre part l'affaiblissement, sinon le complet anéantissement, de tels autres sentiments ou penchants naturels à l'homme en général, dont l'influence serait nuisible au point de vue militaire.

L'officier, au contraire, qui quitte les rangs de l'armée proprement dite, pour se faire administrateur, abandonne *complètement* la pratique de son art, pour ne s'occuper que de questions qui devraient lui demeurer absolument étrangères.

La pratique de l'art militaire doit être *continue*, parce que sa non interruption peut seule, en maintenant l'officier constamment dans le seul milieu qui lui soit propre, l'empêcher d'altérer auprès d'autres fractions de la société, en se mêlant trop à elles, le caractère en quelque sorte factice qu'on lui a formé. — Parce qu'enfin pour faire un bon officier supérieur il faut avoir franchi un à un, en exerçant les différentes attributions afférentes à chacun d'entre eux, tous les grades qui séparent du simple soldat le degré auquel on est parvenu ; il faut avoir appris par sa propre expérience ce qu'on est en droit d'exiger de chacun de ses inférieurs selon son grade, l'officier subalterne, surtout, n'ayant en somme une volonté et une initiative qu'à l'égard de ses inférieurs, mais ne cessant pas de ne devoir être qu'un instrument passif par rapport à l'individu qui occupe le grade immédiatement au-dessus du sien.

Le système d'administration en vigueur en Algérie a pour un de ses résultats, d'interrompre pendant 12 ou 15 années, pour l'officier, la pratique de son art, de le soustraire pendant tout cet intervalle de temps, au seul milieu propre au développement de ses facultés militaires, de le mettre en contact immédiat et constant avec des fractions de la société desquelles il devrait être écarté, enfin de lui faire franchir, dans cette situation anormale, plusieurs grades importants.

Pour le militaire, tel qu'on le comprend jusqu'ici, le régiment c'est à la fois la famille qui donne l'éducation et l'école qui dônne l'instruction, aussi les choses sont réglées de telle sorte que l'officier ne puisse en sortir que pour prendre les grades supérieurs, c'est-à-dire que lorsque son éducation et son instruction sont complètes.

L'officier administrateur, contre ces règles, est enlevé au régiment lorsqu'il n'a encore que le grade tout-à-fait inférieur, de sous-lieutenant, soit lorsque son éducation et son instruction sont à peine ébauchées.

Dans l'armée proprement dite on a eu le soin d'écarter toutes fonctions susceptibles de donner des tentations à l'officier, ou même de laisser matière au plus petit soupçon. — Ces fonctions ont été données à des corps qui sont militaires, dont les membres sortent des rangs de l'armée, mais sont tout-à-fait distincts et en dehors des cadres et n'y sauraient rentrer — (Les corps comptables).

Sans rappeler que les fonctions extraordinaires remises au personnel militaire de l'administration algérienne ont quelque fois attiré, sur certains des officiers qui en sont ou en ont été investis, des accusations de la plus haute gravité, on peut néanmoins remarquer que, quelles que puissent être la probité et l'intégrité des individus qui composent ce personnel, ils ne sauraient jamais échapper au soupçon et cela par cette raison bien simple qu'autant on s'est attaché à ôter à l'officier de troupe toute occasion de faillir, autant on a placé l'officier administrateur en présence de tentations diverses et nombreuses.

Dans l'armée proprement dite l'avancement a été réglé de façon à laisser le moins de prise possible à un favoritisme qui aurait pour conséquence de jeter le découragement et le mécontentement dans l'armée.

Par ce fait même que l'institution d'un gouvernement militaire était une exception il fallait, comme nous voyons qu'on l'a fait, créer des règles exceptionnelles pour l'avancement des officiers qui en feraient partie — Ainsi que cela était inévitable, il s'est trouvé qu'on ouvrait ainsi une vaste porte au favoritisme — Ce résultat ne saurait être contesté : Les officiers qui entrent dans le personnel gouvernemental algérien ne sont l'objet d'aucun choix; on est bien heureux de prendre tout ce qui veut bien se présenter; ils sont appelés à faire un service aussi facile et aussi agréable, que le service de régiment est rude et souvent ennuyeux, cependant ils arrivent à tous les grades au choix, et obtiennent la décoration, relativement de très-bonne heure.

Mais qu'on nous permette un dernier mot à l'adresse des personnes auxquelles l'organisation de l'armée est complètement étrangère et qui parconséquent pourraient, faute d'en avoir les preuves, croire exagéré ce que nous disons touchant la nécessité absolue, pour tout ce qui concourt à la formation des cadres de l'armée, d'une pratique continue du service militaire.

Deux mesures viennent encore d'être prises récemment par le Ministre de la Guerre, dans l'ordre d'idée dont nous nous occupons.

De l'une il en est rendu compte dans les termes suivants dans l'exposé de la situation de l'Empire de l'année 1863 (page 89) :

« Jusqu'à présent les bureaux de l'intendance militaire prélevaient dans les corps de troupe pour le service des écritures un nombre de commis auxiliaires qui ne s'élevait pas à moins de sept cents, presque l'effectif d'un bataillon de chasseurs à pied. *Il en résultait une perturbation pour les corps* dont les rangs se trouvaient affaiblis ; *c'était autant de soldats perdus* pour le combat, pour *la discipline, pour les habitudes militaires*, et les bureaux de l'intendance n'avaient ainsi que des commis médiocres. La création d'une section de commis aux écritures des bureaux de l'intendance a fait cesser cet état de choses et quoiqu'elle soit encore fort récente, elle justifie déjà ce qu'on en attendait. »

L'autre est analysée dans les termes suivants par le *Moniteur de l'armée* :

« En vertu des dispositions jusqu'ici en vigueur, les *sous-officiers détachés dans le service de la justice militaire comptaient à leur corps avec le grade de sergent.* Ils se maintenaient indéfiniment dans les cadres en raison de la faculté qui leur était laissée de se rengager avec le grade de sergent au titre du corps, sans y rendre aucun service ; *ils occupaient ainsi des places de sous-officiers au détriment de l'avancement.*

« Par décision du 7 octobre dernier, S. Exc. M. le maréchal ministre de la guerre a apporté une heureuse modification à cet état de choses. *Désormais le temps pendant lequel les sous-officiers détachés dans le service de la justice militaire pourront compter comme sergents* à leur corps *sera limité à six mois. Au delà de ce terme, ils auront à opter entre leur grade de sergent au corps, ou leur emploi* dans la justice militaire. Ceux qui seront maintenus dans ce service ne cesseront pas, d'ailleurs, de jouir du bénéfice de la position militaire qui leur est garantie par le décret du 29 août 1854, et, *s'ils veulent contracter des rengagements comme simples soldats*, ils auront droit, comme par le passé, aux primes créées par la loi de dotation de 1855. »

Ainsi, c'est M. le Ministre de la guerre lui-même qui le dit, distraire *de simples sous-officiers* de leurs corps, *c'est jeter la perturbation dans ces corps*, et bien que ce ne soit en définitive que pour les attacher à des services essentiellement militaires, *c'est les perdre pour la discipline* et *pour les habitudes militaires !*

Pourquoi ce qui est vrai pour les sous-officiers détachés dans les services de la justice militaire et de l'intendance militaire, ne le serait-il pas à plus forte raison pour les officiers et officiers supérieurs, détachés pour l'administration de l'Algérie !

Comment ici de pauvres sous-officiers compromettraient les corps auxquels ils appartiennent s'ils n'optaient pas entre le grade et l'emploi, et là il n'y aurait aucun inconvénient non seulement à distraire des officiers et sous-officiers de leurs cadres pour de longues années, mais encore à les favoriser sous le rapport de l'avancement, pendant toute la durée de l'absence de leur corps !

Comment un sous-officier qui aurait passé quelques années dans des bureaux essentiellement militaires, aurait assez perdu des notions de la discipline et des habitudes militaires, pour qu'on redoute de lui rendre le commandement d'une section de quinze hommes, et on ne craint pas de confier le commandement d'un régiment, ou d'une colonne expéditionnaire, à un colonel qui a eu tout son avancement dans des services essentiellement civils!

Ainsi on le voit, c'est un préjugé que les véritables soldats ne partagent pas, que de croire que le régime auquel est soumis l'Algérie est utile au développement des qualités de notre armée.

La pratique de ce régime n'a d'autre effet que de semer le mécontentement dans l'armée militante, et si elle se prolongeait davantage, elle ne pourrait qu'aboutir à prouver que cette masse d'officiers que nous entretenons en France à ne rien faire en temps de paix, pourraient sans inconvénient aucun et sans préjudice pour leur avancement et leur progrès militaire, être employés utilement dans nos administrations civiles.

CHAPITRE QUATRIÈME.

LE PEUPLE ARABE.

I.

GÉNÉRALITÉS.

A entendre les défenseurs du régime militaire, nous devons conserver aux Indigènes leurs mœurs, leurs lois, leurs usages, d'abord par devoir, parceque des traités nous y obligent, ensuite par humanité, car il serait inhumain d'abuser de notre supériorité et de notre victoire pour imposer sans transition aucune, aux vaincus, des lois et une civilisation qu'ils repoussent également.

Par le fait nous avons démontré la nullité de ce moyen de défense, puisque nous avons prouvé que tous les actes du régime militaire, tendent indistinctement à bouleverser, lois, mœurs et tendances des Arabes.

Cependant puisqu'on fait appel à la foi des traités nous dirons ce qu'il en est au juste de ces traités, et puisqu'on présente les Indigènes comme ayant des lois et des mœurs qu'ils tiennent à conserver, nous dirons ce qu'est en réalité le peuple arabe.

Quant à la question des traités, nous en finirons en deux mots avec elle.

« Messieurs les sénateurs (dit en débutant l'exposé des motifs du sénatus-consulte relatif à la constitution de la propriété arabe), lorsque la France, après une glorieuse expédition, plantait à toujours son drapeau sur le sol de l'Algérie et prenait possession du territoire qu'elle venait de conquérir, *elle s'engageait vis-à-vis des populations arabes à respecter leur religion et leurs propriétés.* »

N'en déplaise aux rédacteurs de cet extrait, il contient une erreur capitale, tout le monde sait en effet ou est à même de savoir que la capitulation d'Alger, par cette raison seule qu'elle ne nous livrait que cette ville, ne nous engageait que vis-à-vis de la population de cette ville.

Comment ! après cette capitulation qui, à en croire l'extrait précité, nous liait vis-à-vis de toutes les populations de l'Algérie, il a fallu conquérir et même reconquérir plusieurs fois pied à pied tout le territoire algérien, et on pourrait en revendiquer les bénéfices au nom des habitants de ce territoire ?

Il est vrai que, l'exposé des motifs s'empresse d'ajouter comme pour aller au devant de notre objection :

« Cet engagement solennel se retrouve *dans toutes les capitulations* que les Arabes ont acceptées à diverses époques, *dans un grand nombre d'actes des Gouvernements* qui se sont succédé depuis 1830, et enfin il vient d'être noblement renouvelé *dans une lettre adressée, le 6 février dernier*, par l'Empereur, à S. Exc. le maréchal duc de Malakoff, gouverneur de l'Algérie. »

« *Dans toutes les capitulations* que les Arabes ont

acceptées à diverses époques ! » Mais où sont ces capitulations ? Nous avouons que pour notre part nous en avons vainement recherché les traces — à notre sens du reste un seul homme a été à même de stipuler un traité de capitulation en faveur des populations arabes, cet homme c'était Ab-del-Kader, et on sait qu'il ne l'a pas fait.

« Dans un grand nombre d'actes du gouvernement, qui se sont succédés depuis 1830 ! » sans doute, nous ne l'ignorons pas, si le régime militaire se montre peu soucieux dans la pratique de ménager les coutumes des arabes, il a eu le soin d'afficher des principes tout opposés dans toutes les ordonnances et les décrets organiques de l'Algérie, mais en supposant qu'on les prenne au sérieux, ce ne sont pas là des obligations que nous nous sommes imposé par un contrat passé avec les Arabes, mais de simples promesses que nous leur avons faites, qu'ils n'ont pas même entendues et qui ne nous lient que pour le temps qu'il nous plaira. Au reste si l'argument nous semblait en valoir la peine, il nous serait facile de citer des documents, dans lequel on rappelait dans l'exposé des motifs nos prétendus engagements, et on les violait par les dispositions même du document !

Le seul argument sérieux est celui-ci : « et il vient d'être noblement renouvelé dans une lettre adressée, le 6 février dernier, par l'Empereur....... » Mais si cet argument était sérieux en 1863, il nous semble devoir l'être fort peu en 1865, lorsque la moitié des populations indigènes ont pris le soin, dans l'intervalle, de l'anéantir de leurs propres mains en recourant de nouveau aux armes !

Ainsi il n'existe jusqu'à preuve du contraire aucun traité qui nous lie avec les indigènes, et y en eut-il, un dix, vingt, trente, que nous serions encore en droit de répondre : « les Arabes les ont tous déchirés ! »

Qu'on cesse donc une fois pour toutes de faire appel à notre loyauté et à notre désintéressement pour l'exécution de traités, qui sont purement imaginaires !

Est-ce à dire que parceque aucun traité ne nous lie envers les Arabes, nous voulions les faire passer sous les fourches caudines ? Non, certes ! Mais nous pensons qu'il serait bon d'empêcher ceux-là mêmes qui ne nous les rappellent que pour conserver un pouvoir dont ils usent et mésusent, de nous les opposer plus longtemps lorsque bien plus qu'eux, et par des moyens plus équitables et plus humains, nous nous préoccupons de faire sérieusement accepter notre domination aux Arabes.

Il nous faudra plus de place pour dire ce qu'est en réalité le peuple Arabe. Cependant cette étude est beaucoup moins compliquée qu'on ne pourrait le croire de prime abord car elle doit se borner en somme à faire connaître les Indigènes sous le rapport de l'esprit national, de l'esprit religieux, de l'état social et du caractère, ce qui nous permettra de juger de ses tendances et de ses besoins.

II.

NATIONALITÉ.

Ainsi que nous avons déjà eu occasion de le dire, les habitants de l'Algérie sont bien loin de se considérer comme unis par une communauté d'origine : Pour l'arabe *la Patrie* ne s'étend pas — lorsqu'elle y atteint, — au delà des limites de sa tribu, cette tribu ne compta-t-elle que cent-cinquante ou deux cents feux.

Au reste ne suffit-il pas de savoir la facilité avec laquelle ils se sont courbés pendant trois siècles sous le joug d'une poignée de Turcs, quels obstacles insurmontables Ab-del-Kader a rencontrés à les unir contre nous, et enfin l'immense appui qu'ils nous ont prêté dans l'accomplissement de notre conquête, pour demeurer convaincu que l'esprit de nationalité leur fait totalement défaut ?

Qui ne comprend que rien qu'armés de bâtons, les arabes s'ils avaient été unis, auraient pu chasser les Turcs de leur territoire ?

Qui ignore, qu'il n'eût tenu qu'à eux, de nous rendre impossible sinon la conquête du moins la conservation d'un territoire aussi immense que l'est l'Algérie ?

Est-il besoin de rappeler enfin que presque tout le sud c'est-à-dire la moitié de la colonie, nous a été conquis par les seules armes des tribus dont quelques unes sont en révolte aujourd'hui ?

Un peuple qui a l'esprit de nationalité peut se laisser vaincre, mais lorsqu'il est vaincu il n'est pas soumis : Témoins les Espagnols et les Polonais.

En dehors des insurrections partielles, auxquelles se livrent de temps à autres les arabes et dont les motifs sont toujours ignorés, qu'on nous cite un seul complot dont l'existence politique ait été sérieusement établie ?

En revanche nous pourrons avancer, nous, sans crainte d'être démentis que les Turcs ont toujours eu à leur service pour maintenir les autres, plus de tribus qu'elles n'en voulaient ; qu'Ab-del-Kader a au contraire manqué des moyens de faire reconnaître son autorité ; et qu'enfin dès le lendemain de notre rupture avec Abdel-Kader notre alliance a été recherchée par les Arabes et s'est rapidement étendue au point qu'un beau jour notre besogne en est arrivée à se faire presque sans nous.

Au reste où les Arabes auraient-ils donc puisé l'esprit de nationalité ?

L'Islamisme, alors que dans toute sa nouveauté il surrexcitait au plus haut point les populations Arabes et leur donnait l'énergie et la force nécessaires pour faire une épouvantable trouée dans l'Occident, n'est pas parvenu à cimenter leur union. Loin de là l'esprit de désunion, qu'elles semblent porter dans leur sang, les a bientôt poussées à s'entre détruire les unes les autres. Tandis que les chrétiens de l'E pagne avaient reculé devant l'invasion, mais non plié sous le joug musulman, il se trouva au contraire que le jour où ces chrétiens reprirent l'offensive ils trouvèrent immédiatement, comme nous l'avons trouvé en Afrique, de puissants auxiliaires dans les rangs des musulmans. Or si là le défaut d'esprit de nationalité leur a fait perdre toutes les conquêtes qu'ils devaient à leur fanatisme religieux des premiers jours, qu'est-il besoin de s'appesantir davantage à démontrer qu'en retombant plus bas encore que le niveau d'où les avait tiré Mahomed, les Arabes sont retombés plus que jamais sous l'empire de l'individualisme le plus aveugle !

III.

RELIGION.

Les Indigènes sont musulmans et musulmans fanatiques, et comme dans l'Islamisme la loi civile et la loi religieuse se trouvent confondus, leur religion est une barrière qui doit éternellement s'élever infranchissable entre eux et nous. Enfin le régime militaire a seul la force, le tact et le désintéressement nécessaires pour gouverner un pareil peuple sans froisser ses croyances et le pousser au martyre. Tel est encore un des spécieux arguments dont la coterie, pour laquelle l'Algérie semble avoir été conquise, ne cesse de se servir à tort et à travers pour laisser l'opinion publique.

Les Arabes sont Musulmans : mais ne peut-il pas y avoir Musulmans et Musulmans comme il y a catholiques et catholiques ?

Chez les Musulmans la loi civile et la loi religieuse ne font qu'un seul tour, de telle sorte que toucher à l'une c'est souiller l'autre : mais les Musulmans ne sont-ils pas en cela, dans des conditions analogues à celles des Israëlites qui cependant se soumettent avec empressement à la loi civile des pays où ils trouvent d'ailleurs protection et liberté ?

Il ne suffit donc pas de dire que les Arabes sont Musulmans, pour en conclure qu'ils sont fanatiques et qu'ils doivent repousser nos lois.

Nous examinerons donc quelle est la valeur réelle du sentiment religieux chez les Arabes, et, ici encore, les actes du régime militaire nous aideront à établir que moins que personne ses agents, sont fondés à taxer les Indigènes de fanatisme religieux.

Les procès criminels des indigènes sont tous indistinctement jugés par nos tribunaux à l'exclusion absolue des tribunaux Musulmans, et, bien que leurs lois soient loin d'être d'accord avec les nôtres sur ce qui constitue la criminalité et sur les pénalités à appliquer, les Indigènes ont accepté sans murmurer, ou plutôt comme chose des plus naturelles, ce que le régime militaire, pour être logique, devrait appeler une violation des plus flagrantes des capitulations.

Les affaires civiles peuvent toutes arriver par la voie d'appel devant les tribunaux civils français. Or les Arabes loin de récuser les juges *chrétiens*, font à leurs juges musulmans la honte d'en appeler régulièrement de tous leurs arrêts.

La loi musulmane édicte des peines aussi sévères, jusques et y compris la lapidation, contre la violation des préceptes religieux, que contre les crimes les plus grands : Les Arabes ne se sont même pas aperçus que ceux d'entre eux qui aiment le vin, cessaient de se cacher pour s'en procurer.

Tous les biens qui appartenaient aux corporations religieuses ou qui avaient été consacrés à des fondations pieuses, ont été réunis au domaine de l'Etat : Les Arabes sont restés insensibles à une mesure qui cependant aurait pu, partout ailleurs et chez des gens même fort peu fanatique, être considéré comme une atteinte des plus flagrantes à la religion et à la propriété.

Mais il y a plus, les Musulmans ont une institution essentiellement religieuse, cette institution c'est le *habous*.

Le habous est un acte par lequel un Musulman, renversant l'ordre d'hérédité établi par la loi ordinaire, immobilise sur la tête de telle ou telle ligne de ses descendants, tout ou partie de ses propriétés immobilières. A l'extinction de la descendance fixé par l'acte de constitution, les émmeubles doivent faire retour à telle ou telle fondation pieuse désignée par le constituant. Il s'agit donc ici non seulement d'une institution qui réglemente les droits de succession, mais encore d'une loi ayant un caractère éminemment religieux puisque son application doit avoir pour conséquences de faire arriver tôt ou tard la religion à recueillir l'héritage à l'exclusion de telles ou telles lignes de collatéraux. Or cette loi, si on ne l'a pas abolie complétement, l'a été de fait, puisqu'il a été décrété que nul ne saurait en justice ni l'opposer, ni en revendiquer le bénéfice. Qu'ont fait nos fanatiques : ils se sont empressés d'user de la loi chrétienne pour mobiliser qui était immobilisé par la loi Musulmane.

Où sont donc dès lors ces lois Musulmanes qu'on nous crie de bien prendre garde de violer ?

En somme, on le voit, elles se résument aujourd'hui en celles qui concernent le divorce, la polygamie et en partie les successions.

Il faut avouer que nos fanatiques sujets, sont, à tout prendre, bien réservés dans leurs prétentions, surtout si nous ajoutons que rien ne prouve, puisqu'on ne l'a pas tenté jusqu'ici, qu'ils céderaient plus difficilement sur ces trois points que sur tous les autres !

Mais dira-t-on, c'est sans doute alors dans les pratiques extérieures du culte que les Arabes laissent percer le fanatisme qui les anime ?

Loin de là.

Les Arabes — nous parlons des Arabes des tribus puisque ce sont ceux là que le régime militaire présente comme ne pouvant être gouvernés que par lui — les Arabes n'ont pas de mosquées et encore moins de ministres du culte

Quatre-vingt dix-neuf sur cent ignorent jusqu'à la formule d'une prière.

On compte des tribus entières dans lesquelles on ne trouverait pas un seul homme capable de diriger la prière.

Les seuls *édifices* affectés au culte, se bornent à quelques petites coupoles en pierre ou à quelques gourbis *(chaumières)* décorés du nom de mosquées et qui doivent leur affectation à ce qu'ils renferment les restes d'un homme réputé mort en état de sainteté.

Les seules pratiques religieuses observées par les Indigènes, se réduisent au jeûne du Ramadham et à l'aumône, et encore !

Les seuls lieux où la religion soit plus connue et mieux observée, ce sont les villes qui, aujourd'hui sont placées sur le régime civil : le régime militaire a poussé tellement loin la crainte de froisser le fanatisme religieux dans ces villes, c'est-à-dire dans les seuls lieux où il pouvait exister en apparence, qu'il a........ confisqué toutes les mosquées pour les transformer en casernes en magasins, en théâtres ou en églises chrétiennes ! La ville Arabe qui a conservé une mosquée en bon état doit se considérer comme très-heureuse, car nous pourrions en citer une importante qui, tandis qu'elle comptait une quinzaine de mosquées avant l'occupation, ne sait à quel saint s'adresser aujourd'hui pour qu'on lui en restitue une en état d'être fréquentée !

N'est-il pas vraiment plaisant d'entendre accuser nos pauvres diables d'Indigènes, de fanatisme, lorsqu'au contraire ils poussent l'indifférence religieuse certainement beaucoup plus loin que la généralité des Français ?

IV.

ÉTAT SOCIAL.

Sans remonter plus haut, la domination Turque a eu pour un de ses résultats les plus incontestables d'isoler les populations du reste du monde pendant trois siècles : Il est donc aisé, avec un peu de réflexion de se représenter ce qu'est le peuple Arabe.

Dès longtemps l'Arabe a renoncé à demander à la culture de la terre, et à l'élevage des bestiaux, au delà de ce qui était absolument nécessaire à la satisfaction des besoins les plus grossiers. Qu'eut-il fait d'ailleurs du superflu puisque, une barrière infranchissable : le despotisme Turc, fermait également la porte, et à l'exportation de l'excédant de sa production, et à l'importation des produits de l'industrie étrangère ? Produire plus qu'il n'était strictement nécessaire ne présentait au contraire qu'inconvénient pour lui : c'eut été faire un appel indirect à une augmentation d'impôts.

Aussi rien de plus simple que la société Arabe ; rien de plus primitif que la vie Arabe.

Il est des gens qui les uns parcequ'ils poëtisent tout, les autres parce qu'ils sont intéressés à présenter la société Arabe sous le jour le plus imposant possible, font ronfler les grands mots de noblesse militaire et de noblesse religieuse. Ce sont là des mots à effet, surtout dans notre langue, mais ce ne sont que des mots.

Les noblesses militaire et religieuse des Arabes ont eu leur 93 comme notre noblesse française a eu le sien : seulement une génération à peine sépare notre faubourg-Saint Germain du sien, tandis que la noblesse Arabe a vu s'écouler plusieurs siècles depuis qu'une révolution morale et par conséquent plus profonde que violente ne lui a plus laissé que ses titres plus ou moins contestés et contestables.

En réalité la société Arabe ne se compose plus aujourd'hui que de deux classes : les cultivateurs, ou les propriétaires de troupeaux, et les garçons de charrue, ou les bergers, selon que la tribu est sédentaire ou nomade.

Au reste ces deux classes ne sont pas séparées par une bien forte barrière et on compte beaucoup de bergers qui sont fils de propriétaires, de même qu'on compte bien des propriétaires qui sont fils de berger.

Posséder une tente, quelques vaches, quelques moutons et quelques chèvres, une ou deux paires de bœufs de labours, pour le Tell ; une tente, quelques centaines de moutons, une ou deux juments, et une quarantaine de bœufs et chameaux pour le sud, tel est le taux moyen de la fortune de la portion aisée de la population Indigène. Le garçon de charrue et le berger, ne possédent rien qu'un lambeau de tente et parfois deux ou trois brebis ou trois ou quatre chèvres, car s'il arrive seulement à passer un bœuf de labour, il cesse d'être un mercenaire, pour entrer dans la classe des propriétaires.

Cependant il y a une notable différence entre l'existence du propriétaire et celle du berger ou du garçon de charrue : Le premier mange quelquefois de la viande, toujours de l'orge et assez souvent du blé, tandis que le second forcé de vivre lui et sa famille—car il a toujours une famille — de la part proportionnelle qui lui revient sur la charrue ou le troupeau qu'il conduit, ne mange jamais de blé, est très heureux quand il a de l'orge à discrétion et ne se nourrit que de racines sauvages une bonne partie de l'an.

Il en est résulté que l'Arabe mange mal parce qu'il produit peu et qu'il produit peu parce qu'il se nourrit mal.

Cependant avant l'occupation française les Arabes souffraient rarement de la famine : Les propriétaires ne trouvant pas de débouché pour l'excédant de leurs produits dans les bonnes années, l'emmagasinaient et le trouvaient pour eux et leurs serviteurs dans les années de disettes qui se représentent habituellement en Algérie au moins dans les proportions de un à cinq. Aujourd'hui ainsi que nous le verrons lorsque nous parlerons des *besoins et tendances* des Indigènes, et grâce aux facilités que notre fréquentation donne à l'échange, il n'en est plus ainsi.

Ainsi on le voit l'Arabe en est encore à la vie la plus primitive. Toute sa fortune consiste en quelques troupeaux qu'une épisoothie peut enlever du jour au lendemain, ou en une récolte qu'en vingt-quatre heures la grêle, l'incendie, la sauterelle, ou la sécheresse peut anéantir. Il se nourrit et se vêtit juste assez pour ne pas mourir de faim et de froid, et la terre qui en échange de son travail lui donne à peine le strict nécessaire, le cloue au sol, sans force et sans énergie.

Les mêmes causes qui ont amené les populations arabes à cet état de prostration physique et de misère, les a fait descendre dans l'ignorance la plus absolue de tout ce qui ne se rattache pas intimément aux dures et journalières nécessités de la vie matérielle la plus précaire.

Quand, comment et pourquoi l'Arabe songerait-il à apprendre à lire? Que chercherait-il dans les quelques manuscrits qui lui ont été légués par ses ancêtres et qui sont écrits dans une langue qu'il ne parle plus aujourd'hui? Aussi le passé, même celui d'hier, aussi bien que ce qui se passe au delà des limites de l'Algérie, tout cela se confond, pour l'Arabe, dans le domaine de la fable.

Cette ignorance a touché vivement le régime militaire, d'autant plus que pour reconstituer la société musulmane, c'est-à-dire une société dès longtemps réduite à l'état de squelette, il lui fallait des juges musulmans, des prêtres musulmans.... Qu'a-t-il fait : Il a encouragé la création d'écoles primaires arabes, et il a créé des écoles supérieures pour former le personnel qui lui manquait.

Mais voilà un point que nous avons omis de traiter dans notre examen des principaux actes de l'autorité militaire. Cependant cet oubli n'était pas mérité, aussi le réparerons-nous.

Comment, non seulement les Arabes ne réclament pas de juges pris parmi eux, non seulement ils se passent fort bien de ministres d'un culte qui ne pourrait que nous les rendre hostiles s'ils le pratiquaient, mais encore il y a impossibilité matérielle à leur donner ces juges et ces ministres et c'est nous qui songeons à leur en former ! Mais que faut-il donc pour ouvrir les yeux sur la fausse voie dans laquelle nous entraîne ce régime dont rien ne justifie l'existence ? Comment un gouvernement français et chrétien qui ne croit avoir rencontré dans le peuple qu'il a conquis, qu'un obstacle : La religion, comment un tel gouvernement peut-il signer un décret (le décret du 30 septembre 1850), qui est ainsi motivé :

« Les officiers commandant les trois provinces consultés......... Tous ont signalé l'ignorance des populations musulmanes comme un des plus sérieux obstacles que nous rencontrons. Cette ignorance engendrant la crédulité la plus grossière ,fait parmi les tribus le succès des chérifs...... »

Et dont l'article 3 est ainsi conçu :

« Il est institué aux frais de l'Etat dans chacune des villes de Médiah, Tlemun et Constantine, une école supérieure (Medersa) pour *former des candidats aux emplois dépendants des services du culte, de la justice, de l'instruction publique indigène et des bureaux arabes.* »

Mais si les Arabes sont ignorants, en tant qu'hommes c'est tant pis, mais en tant que musulmans c'est tant mieux !

En tant que musulmans laissons-les dans leur ignorance car ils ne peuvent pas professer des théories plus hostiles à notre domination que celles que leur apprendrait le coran, et en tant qu'hommes quelles meilleures connaissances pourrions-nous leur donner que celles que nous possédons nous-mêmes !

Quand aux bureaux arabes, on pourrait se demander, s'ils sont eux-mêmes chrétiens ou musulmans, français ou arabes, car le doute est bien permis à cet égard lorsque nous les voyons exiger de leurs agents une instruction musulmane, tandis que les souverains musulmans commencent eux, au contraire, à réclamer des leurs une instruction européenne.

Cependant peut-être qu'en cherchant un peu on trouverait à deviner dans les termes du décret lui-même, l'esprit qui l'a dicté, en effet, d'une part les art. 8 et 9 sont ainsi conçus :

Art. 8. — Les écoles supérieures sont placées sous la surveillance des officiers généraux commandant les provinces. Cette surveillance s'exercera par l'intermédiaire des bureaux arabes.

Art. 8. — Les écoles supérieures sont inspectées chaque année par un des officiers français attachés aux affaires arabes et par un des professeurs aux chaires publiques d'arabe désigné par le gouverneur général de l'Algérie.

Et d'autre part ils sont motivés de la manière suivante :

« Les articles 8 et 9 *réservent la surveillance* de ces écoles *à l'autorité militaire*, chargée du gouvernement et de l'administration des tribus. *Il n'en pouvait être autrement,* ces institutions ayant un caractère essentiellement politique. *C'est un moyen de gouvernement* (?) dont il faut régler le fonctionnement avec la plus grande prudence, *et au point de vue spécial des hommes et des choses de l'Islamisme.....* »

Mais c'est assez nous étendre sur ce décret qui, d'ailleurs, n'a et ne peut heureusement avoir aucune conséquence : nous ne disons pas qu'il soit précisément facile d'amener les indigènes à réclamer une instruction française, mais ce dont nous sommes convaincus c'est qu'il serait encore plus difficile de leur faire comprendre qu'ils doivent apprendre la langue écrite par leurs aïeux.

Au reste le décret que nous venons de rappeler a quinze années de date et d'application, or, où sont les magistrats, les ministres du culte et les agents du bureau arabe qui lui doivent leur instruction? Les écoles supérieures édictées existent sur le papier, elles fonctionnent même, c'est-à-dire qu'elles comptent des professeurs payés et des élèves qui, bien que payés également, sont rares et fréquemment renouvelés, mais encore une fois, où sont les résultats obtenus?

Si l'arabe est pauvre, s'il est affaibli par les privations, s'il est uniquement cultivateur ou pasteur, si enfin il est ignorant, on doit comprendre que l'industrie est complètement nulle chez les indigènes.

Et en effet l'industrie est nulle en Algérie et surtout chez les populations véritablement arabes.

Les femmes arabes font la poterie, tissent les vêtements, et l'étoffe de la tente avec la laine des troupeaux, en d'autres termes l'arabe s'est habitué à se suffire à lui-même. Ce qui lui manque — et ses besoins sont aussi exigus que le contenu de sa bourse — il va le demander aux habitants des villes ou aux Kabyles.

Mais, nous dira-t-on, vous prétendez qu'il n'y a pas d'aristocratie chez les Arabes, et cependant nous savons qu'il existe des chefs puissants et influents, vous ajoutez que les Arabes sont tous indistinctement dans un état très-misérable et cependant nous savons que ces mêmes chefs sont à la tête de fortunes très-rondes, habitent de petits châteaux, ont des écuries bien garnies et étalent un luxe.... un luxe oriental!

A cela nous répondons:

Certainement il existe des chefs chez les Arabes, mais est-il nécessaire de répéter qu'ils ont été créés par Abdel-Kader et par nous seuls?

Quant au luxe qu'on a pu voir étaler à ces chefs, ce luxe leur a été imposé par ceux qui ne pourraient décemment pas chevaucher à la tête de cavaliers en guenilles; ce luxe était inconnu avant nous.

Enfin quant à la prétendue fortune des chefs indigènes, il nous suffira, nous le supposons, pour mettre un terme à toutes illusions à cet égard, de dire que la plupart de ces chefs ne doivent, qu'aux difficultés qu'on oppose en territoire militaire aux poursuites judiciaires, de ne pas voir leurs biens, meubles et immeubles, saisis par leurs nombreux créanciers.

V.

CARACTÈRE.

Le militaire est très exclusif, c'est là un des côtés saillant du caractère qui lui est formé par son état, et tel qu'il est lui-même il croit voir les autres. C'est donc de très bonne foi qu'il présente les Arabes comme belliqueux, comme intolérants et comme ressentant une très profonde antipathie pour nous, conquérants et chrétiens à la fois, car c'est ainsi qu'il serait lui-même, du moins le croit-il, si le sort au lieu de le faire soldat français l'avait fait naître Arabe. C'est là ce qui explique comment autant il est despote à l'égard des Indigènes, autant lorsqu'il s'agit de défendre leurs prétendus intérêts, ils devient exigeant en leur nom. Dans le premier cas il est soldat, dans le second il est plus Arabe que les Arabes.

Quoi de plus simple cependant que de constater que l'Arabe a un tout autre caractère que celui qu'on lui prête ?

Ainsi que nous l'avons déjà rappelé, qu'était-ce que l'Algérie avant l'occupation française sinon la réunion d'un millier de petits peuples différents que leurs intérêts du moment poussaient à s'exploiter les uns les autres ? Et qu'était-ce encore que la tribu elle-même sinon la réunion d'un certain nombre de familles abandonnées à leurs instincts naturels n'ayant ni loi ni autorités pour les diriger et les contenir ! qu'on conclue de là que l'Arabe doit avoir l'habitude des armes, rien de plus naturel, mais ce n'est pas une raison suffisante pour en induire qu'il en a la passion.

En d'autres termes on est fondé à croire que l'Arabe est belliqueux par circonstance mais rien ne prouve qu'il le soit par nature, loin de là.

S'il était belliqueux par nature, il serait organisé pour la guerre offensive, tandis qu'il ne l'est que tout au plus pour la défensive.

Nous pourrions citer plus d'une tribu du Tell dans laquelle on se fait gloire de posséder un ou deux bons cavaliers. Les Arabes possèdent beaucoup de chevaux, non par luxe, non par esprit guerrier, mais pour les besoins de leurs travaux journaliers, il n'est donc pas étonnant qu'ils montent plus ou moins bien à cheval, mais de là, à savoir manier un cheval de guerre et se servir d'armes étant à cheval, il y a loin, et la preuve, c'est que nous le répétons dans beaucoup de tribus c'est tout au plus si l'on compte quelques cavaliers passables.

Ce fait paraîtra sans doute incroyable à ceux qui n'ont vu les Arabes que dans les fêtes militaires Algériennes et qui ne se doutaient pas que parmi les cavaliers qui défilaient devant eux il en était plus d'un qui était formé de trois pièces différentes c'est-à-dire, d'un homme, d'un cheval et d'un fusil pris dans trois tentes différentes, pour les nécessités de la parade ! Cependant il est des plus exact, et tout homme qui se rendra en Algérie en véritable touriste, c'est-à-dire, en repoussant au lieu de les solliciter, les lettres de recommandation, le vérifiera aisément. En général l'Arabe monte mal à cheval, au point de vue guerrier, s'entend, il est très mal armé, sait mal charger ses armes et tire au hasard et sans viser : si l'Arabe était belliqueux par nature en serait-il ainsi ?

Il n'y a qu'une exception à cette règle, elle est représentée par quelques-unes des tribus qui s'étaient consacrées au service militaire sous les Turcs, mais c'est là, la rare exception et une exception qui va disparaissant de jour en jour.

Au reste si l'Arabe est bon cavalier et s'il est belliqueux, comment se fait-il que les Spahis qui représentent l'élite de la cavalerie du pays, qui sont organisés en corps et commandés par de bons officiers français, n'ont aucune espèce de valeur même lorsqu'ils agissent contre des masses Arabes désorganisées ?

L'Arabe n'est donc pas belliqueux, loin de là il ne demande qu'à déposer des armes que la nécessité seule a pu le forcer à prendre : En faut-il une dernière preuve ? Dès que les tribus passent du régime militaire sous le régime civil, elles se défont de leurs chevaux de guerre.

Par le fait il est inutile de démontrer que les Arabes

ne sauraient être davantage taxés d'intolérance, car nous avons déjà fait indirectement cette démonstration. En effet la religion est le premier de tous les rapports sous lesquels le caractère d'intolérance doit se montrer lorsqu'il existe, or nous avons vu que, sous celui-là, le peuple Arabe est d'une tolérance que bien des peuples civilisés pourraient lui envier. Enfin la soumission avec laquelle il s'est plié, ainsi que nous l'avons démontré, aux exigences aussi bizarres, aussi multipliées, aussi contradictoires que celles qu'il nous a plu de lui imposer, n'est-elle pas la plus grande preuve de tolérance qu'il puisse donner?

Pour bien des gens encore l'Arabe est très porté au vol, au crime.

Cette accusation n'est pas plus fondée que les autres.

Sous les Turcs, l'Arabe volait beaucoup, mais ce n'était pas pour prendre le bien d'autrui, c'était pour lui — ce qui prouve une fois de plus qu'il n'est pas belliqueux — le premier de tous les moyens de nuire à son ennemi. Les collisions armées et en plein jour étaient peu possibles, faute d'esprit de solidarité elles demeuraient généralement sans résultats décisifs. Les Arabes se préoccupant bien plus, lorsqu'ils agissent en troupe, de fuir les coups de leurs adversaires que de leur en porter et faisant par conséquent beaucoup plus de bruit que de besogne, recouraient donc au vol. Mais la première preuve qu'on puisse donner que le vol n'a pas même pu passer dans leurs habitudes, c'est que, en Algérie, Indigènes et Colons, font ce que ne pourraient certes pas faire bien des habitants de nos campagnes: Ils laissent leurs bœufs et leurs chevaux et mulets passer la nuit en liberté dans les champs, ou ils ne les abritent que dans des écuries ouvertes. Il y a plus bien que les routes soient difficiles et peu fréquentées, bien que ceux qui les suivent soient généralement des marchands porteurs de marchandises ou du produit de leurs ventes, les attaques contre les voyageurs sont très rares. Enfin un fait non moins concluant c'est que, contrairement à ce qu'on aurait pu attendre, les crimes sont plus rares encore sur le territoire civil que sur le territoire militaire, ce qui tient à ce que dans le premier, les tribunaux réguliers ne tardent pas à purger le pays des quelques mauvaises natures qu'il peut compter exceptionnellement, tandis que le second, les amendes, les détentions très limitées, la responsabilité collective, seuls moyens de répression employés, semblent plutôt avoir pour résultat d'encourager les garnements, que de les faire disparaître. Cependant si l'Arabe était enclin au mal, quelles facilités ne trouverait-il pas dans cette division de l'Algérie en territoire civil et en territoire militaire, grâce à laquelle on peut en franchissant un ruisseau échapper à sa juridiction naturelle et narguer impunément les gendarmes qu'on pourrait avoir à ses trousses !

Ainsi pour l'observateur qui ne jugera pas le type sur l'exception, et qui saura le dépouiller de son enveloppe grossière, l'Arabe est naturellement pacifique, tolérant, patient, plus enclin au bien qu'au mal et en outre très indulgent pour les fautes d'autrui.

Que pouvait-on souhaiter de mieux ?

VI

BESOINS ET TENDANCES.

De ce que nous venons de dire il est facile de déduire quels peuvent être les besoins et les tendances des Indigènes.

Livré à l'anarchie la plus complète depuis des siècles, le peuple arabe demande à être dominé, non par les siens qu'il ne veut avoir que pour égaux, mais par l'étranger.

Ruiné par les discordes il ne demande que la paix qui seule peut lui permettre d'apporter quelques adoucissements à son existence misérable.

Cultivateur ou pasteur il est cloué au sol et parconséquent quiconque sera assez fort pour l'inquiéter dans sa paisible jouissance du sol le forcera à se rendre à merci.

Ignorant, il est incapable d'établir une distinction entre les différentes sources auxquelles il peut puiser la lumière, parconséquent c'est à celui qui le domine à l'éclairer dans le sens qu'il jugera convenable.

Indifférent en matière de religion, il restera musulman de nom, parcequ'il se croit musulman, mais là se borne son ambition sous ce rapport.

Pacifique par nature il le sera dans ses actes, aussitôt que le milieu dans lequel il est placé le lui permettra.

Plus enclin au bien qu'au mal, dès aujourd'hui il n'y a rien à redouter de lui dans les rapports sociaux.

Misérable, mais désirant le bien-être et l'appréciant très-bien, il aspire à se mêler à nous parceque il nous sait seuls capables de le lui donner en échange des bras qu'il nous prêtera.

Très-mal armé, difficilement mobilisable, n'ayant ni esprit national, ni fanatisme religieux, ni esprit de solidarité, il n'a aucune valeur lorsqu'il doit agir en masse, et parconséquent il n'est nullement redoutable.

Enfin le peuple arabe est de tous les peuples connus le plus fait pour être dominé. S'il fallait lui chercher un terme de comparaison on ne le trouverait que dans le peuple Israëlite que, comme lui, sa religion et son origine vouent forcément à se fondre dans des nations plus jeunes, plus vigoureuses et professant une religion moins exigeante. Ce qu'il lui faut c'est notre domination, non pas telle qu'il l'a éprouvée jusqu'ici, c'est-à-dire l'astreignant à rester au même niveau, l'isolant de notre contact, le ramenant à sa religion qui a été sa perte, mais entière, complète, c'est-à-dire avec nos lois et nos institutions venant se substituer à ses usages, avec notre contact journalier et immédiat, avec le droit de pouvoir nous demander ce qu'il lui faut de part au bien être matériel et intellectuel en échange de ce qu'il peut nous donner : Ses terres dont il ne sait pas tirer parti tout seul et ses bras qu'il ne trouve pas à utiliser.

CHAPITRE CINQUIÈME

LE RÉGIME CIVIL ACTUEL.

I.

PERSONNEL.

Avant d'en arriver aux conclusions auxquelles les études qui précèdent amènent tout naturellement, nous devons aller au devant d'une objection que, lorsqu'il est poussé dans ses derniers retranchements, le régime militaire ne manque pas d'opposer à ses critiques.

« Le régime civil n'est pas à créer, dit-il, il existe en Algérie, on peut l'y voir à l'œuvre : Où sont les résultats qu'il a obtenus ? où est la preuve de sa supériorité sur le régime militaire ? »

Rien ne serait plus facile que d'établir entre les deux régimes un parallèle qui serait au contraire tout en faveur du régime civil. Nous pourrions ajouter en outre que sans les garanties réelles ou nominales que ce régime leur donne, le commerce et l'industrie, qui ne s'aventurent pas volontiers sur le territoire militaire, ne se seraient pas installés aussi solidement qu'ils l'ont fait sur certains points de l'Algérie. Mais nous nous en abstiendrons. Nous préférons, pour simplifier la question, supposer avec messieurs les administrateurs militaires, qu'ils ont tout fait en Algérie et l'administration civile rien, seulement nous démontrerons que l'administration civile a été organisée sur des bases et dans des conditions telles qu'il n'y avait rien à en attendre.

Le personnel de cette administration est exclusivement composé d'hommes qui, dès leurs débuts dans leur carrière, ont été subordonnés à des chefs militaires. Il en résulte qu'ils ont des allures qui leur sont toutes particulières.

Nous demandons pardon au lecteur de nous servir d'une comparaison un peu triviale, mais qu'on se représente un homme de toute petite taille qui se serait égaré dans un escadron de cuirassiers et passerait sa vie à admirer et envier à la fois la robuste stature de ses compagnons, se dressant sur la pointe des pieds, cambrant sa taille, frisant une moustache absente et grossissant sa voix pour tenter de se mettre quelque peu à *leur hauteur:* tel est l'administrateur civil algérien. Il envie, admire et redoute à la fois son chef militaire. Désespéré de ne pouvoir partager avec lui les honneurs de l'épaulette et du sabre, il se rejette sur la broderie et sur l'épée. Il veut voir dans ses administrés, des inférieurs (style militaire) qui lui doivent le respect. Humble et souple vis-à-vis du premier caporal venu, parce qu'il sait qu'avec le bâton de maréchal, ce caporal porte désormais le brevet de préfet, il se croit des droits à la même humilité, à la même souplesse de la part de quiconque ne porte pas un uniforme.

Qu'en arrive-t-il ? c'est que l'administration civile algérienne, soit qu'elle ne puisse pas s'en passer parce qu'elle y est trop habituée, soit qu'elle soit convaincue de sa durée éternelle, est très-attachée à la tutelle militaire; c'est qu'elle se montre peu empressée à user des prérogatives qui peuvent lui être octroyées de temps à autres par le gouvernement métropolitain, et par conséquent peu soucieuse d'en obtenir de nouvelles; c'est enfin qu'elle se fait le trés-passif instrument de l'autorité militaire.

Qui ne sait que c'est dans le personnel administratif civil de la colonie que le ministère du prince Napoléon a rencontré le plus grand obstacle à l'application de ses vues libérales? Ce ministère aurait certainement eu raison des militaires-administrateurs, mais il succomba en présence de la résistance de cette nuée de petits employés qui, pour se conserver les bonnes grâces de l'autorité militaire, luttait sourdement mais efficacement pour lui. Nous pourrions citer un préfet qui, né de ce ministère et tombé avec lui, ne pouvait obtenir de ses bureaux ce qu'il était parvenu à arracher à l'autorité militaire supérieure.

Il est vrai que jusqu'ici les évènements se sont plus à encourager les instincts du personnel de l'administration civile : tous ceux des siens qui ont su le mieux flatter les penchants de l'autorité militaire sont parvenus au haut de l'échelle tout en conservant la plus grande somme de liberté d'action relative, tandis que les rares exceptions qui ont compris autrement la dignité de leur mandat s'y sont brisées ou végéteront toujours dans les positions infimes.

Quoiqu'il en soit il résulte pour eux du milieu dans lequel ils ont été élevés que les administrateurs civils algériens ont tous les défauts des militaires-administrateurs sans en avoir les qualités, qu'il existe entre ceux-ci et ceux-là la différence qui sépare le maître du serviteur, ou, pour nous servir d'une expression moins choquante, l'ouvrier qui ne martèle qu'avec intelligence de la machine qui frappe même dans le vide.

L'administrateur militaire reste toujours un peu soldat, aussi il est possible d'en avoir raison en flattant ses faiblesses, parce que plus que personne il est convaincu de sa haute importance et par conséquent de la sincérité du culte qu'on lui rend.

L'administrateur civil, lui, au contraire, est beaucoup plus révêche, parce que sa conscience lui crie qu'il n'a pas d'importance propre et qu'il ne doit accueillir qu'avec défiance les marques de déférence qu'on lui donne.

Le militaire-administrateur puise dans l'immensité de ses pouvoirs des satisfactions d'amour-propre qui constituent de puissants encouragements.

L'administrateur civil ne trouve dans la nullité à laquelle il s'est soumis, qu'une sorte de mécontentement perpétuel qui l'entrave dans toutes ses actions.

En somme enfin l'administrateur civil, dès longtemps habitué à ne trouver d'autres encouragements dans la tâche ingrate qu'il a acceptée, que ceux qu'il peut arracher à l'officier auquel on l'a subordonné, s'est fait le plus ferme soutien du régime militaire auquel il doit son existence. Et c'est ainsi qu'il se montre peu désireux de voir son autorité s'étendre, que non seulement il se contente des lambeaux de pouvoir que lui abandonne l'autorité militaire, mais qu'encore il ne veut accepter que ceux qu'il lui doit à elle seule.

II.

INSTITUTIONS

Au reste où l'administrateur civil puiserait-il des encouragements pour, nous ne dirons pas empiéter, sur les attributions de l'autorité parallèle, mais seulement conserver les siennes ?

Quel point d'appui a-t-elle ?

L'Algérie a des préfets, mais ces préfets sont subalternisés aux généraux commandant les divisions militaires.

Elle a des conseils généraux mais leurs membres sont à la nomination de l'administration.

Elle a des conseils municipaux mais ces conseils ne procèdent pas davantage de l'élection.

Elle a des tribunaux mais sans l'inamovibilité de la magistrature.

Elle a une cour d'assise mais sans jury......

Enfin elle n'a de nos institutions civiles que ce qui frappe l'oreille, mais rien de ce qui constitue leur force, de ce qui donne de véritables garanties, elle les a nominativement, mais non effectivement.

III.

DÉLIMITATION TERRITORIALE.

Mais en outre de l'imperfection des institutions, ce qui devait paralyser considérablement l'administration civile et la rendre tributaire de l'administration militaire; c'est la façon dont on lui a constitué son territoire.

La division de l'Algérie en deux territoires, si elle paraissait nécessaire, ce que nous nions, n'était possible que d'une seule façon, elle devait partager la colonie en deux zones formées chacune d'une seule pièce et séparées par des limites naturelles, rivières, ruisseaux, crêtes de montagnes, etc. Et en effet deux états ayant des institutions, une organisation politique, un régime d'impôt aussi différents que les ont les deux territoires, ne sauraient souffrir la moindre confusion dans les limites.

Or a voir ce qui en est à cet égard on serait tenté de croire qu'on n'a eu qu'un but : celui de forcer l'administration civile à renoncer elle-même à sa tâche, par la situation fausse qu'on lui faisait.

Et en effet qu'a-t-on fait ?

Un département civil, se compose de dix à douze enclaves prises dans la division militaire. Mais ce n'est pas tout, la plupart des limites sont : des routes créees par nous, des sentiers à peine frayés, et même des lignes droites conventionnelles, c'est-à-dire toutes choses qui coupent non seulement des tribus et les banlieucs des villes elles-mêmes, mais encore une foule de propriétés en deux portions inégales, relevant de deux juridictions différentes !

Se réprésente-t-on le cahos que crée un tel état de choses?

Ajoutez à cela que l'autorité militaire qui administre le territoire militaire a son siège dans les villes du territoire civil et vous comprendrez que tout, même le fait le plus insignifiant devrait être matière à conflit pour les deux autorités et à vexations pour les administrés.

Sur vingt habitants indigènes d'une banlieue, il y en a cinq au moins qui relèvent de deux juridictions différentes selon qu'ils vont passer la nuit, donner un coup de pioche ou cueillir une figue dans telle ou telle de leurs propriétés. Il en résulte que la taxe municipale qu'ils paient pour leurs mulets en territoire civil ne les exempte pas de la corvée en nature qu'ils doivent à l'autorité militaire comme ayant un pied sur son territoire; qu'ils peuvent être poursuivis à la fois pour le même fait et par l'autorité civile et par l'autorité militaire.

Sur cent Arabes que vous rencontrez dans la ville il y en a quatre-vingt-dix qui n'y sont ou sont sensés n'y être que parcequ'ils ont affaire avec l'autorité militaire et qui parconséquent, échappent à l'action de la police civile.

Vous voyez dans un chef-lieu de sous-préfecture, fonctionner à la fois deux polices : La police civile et la police du bureau arabe militaire, et tandis qu'il suffit à l'arabe qui commet un méfait en territoire civil de franchir la ligne conventionnelle de démarcation, pour narguer le gendarme ou autre agent de l'autorité civile qui est à sa poursuite, l'autorité militaire conserve, elle, une action très-directe sur le territoire civil.

Cependant les conflits d'autorité sont rares. : L'administration civile a compris qu'elle devait courber la tête, mais elle n'en est que plus aigre dans ses rapports avec les administrés, car elle ne peut voir sans en être cruellement blessée à quel point on la rabaisse dans l'estime et la considération des Indigènes surtout.

Heureusement pour nous que les Arabes ne sont nullement portés à abuser des facilités que donne au crime une semblable situation, car s'ils étaient enclins à nous nuire, le territoire civil au lieu d'être la portion de l'Algérie où l'on jouit d'une sécurité que lui envieraient bon nombre de nos départements, serait certainement un foyer de brigandage.

Ainsi, on le voit, si on considère la composition de son personnel, la nature de ses institutions et enfin les conditions dans lesquelles il est placé, le régime civil algérien quelque peu qu'il tienne, tient encore bien au delà de ce qu'on serait en droit d'en attendre et, dans tous les cas, les mauvais résultats qu'il peut donner ne sauraient permettre, en aucune façon, de condamner à l'avance ceux à attendre du régime du véritable droit commun.

Un mot maintenant sur la presse algérienne qui devrait être à même d'éclairer les gouvernements local et central sur le véritable état des choses et des esprits que nous venons de retracer, et les aider à sortir de la malencontreuse voie des tergiversations dans laquelle ils se laissent entraîner, et nous en aurons fini.

IV.

LA PRESSE.

« La liberté de la presse, disait l'an dernier M. le général Allard au Corps législatif, règne en Algérie comme en France; elle y a exactement les mêmes privilèges, et je suis porté à penser que M. Picard était dans l'erreur lorsqu'il affirmait tout-à-l'heure que les avertissements y étaient plus nombreux qu'en France : *Je crois le contraire*. Quoiqu'il en soit l'Algérie contient dans son sein de nombreux journaux : il s'y imprime de nombreuses brochures, et croyez bien que la presse ne manque pas à sa mission, en Algérie, d'avertir le pouvoir et de contrôler ses actes. »

Cependant le 5 juin suivant M. le commissaire du gouvernement a dû s'apercevoir que sa *croyance* n'était pas fondée et que M. E. Picard avait deviné plus juste que lui. En effet voici les limites que M. le général de Martimprey, gouverneur général par intérim, dans une circulaire à la date précitée, impose à la liberté de discussion :

« A la presse à remplir son rôle, devenu si nécessaire à notre existence sociale qu'elle vivifie lorsqu'elle se maintient dans les limites que lui assignent la légalité et les nécessités de la situation. — *Les institutions gouvernementales dans un pays nouveau* comme celui-ci, *ne sauraient se fortifier* et se développer, *si elles étaient* impunément *l'objet de discussions dans lesquelles les plus vaines théories mettraient en question les lois, les décrets, les réglements, l'organisation*, ces émanations des grands pouvoirs de l'Etat, ces garanties du droit commun. »

Ainsi la presse est libre en Algérie mais à la condition de ne pas « mettre en question les lois, les décrets » ni même « les réglements et l'organisation. »

Autant ne vaudrait-il pas dire, comme l'a fort bien compris d'ailleurs la presse algérienne, qu'il est permis aux journaux algériens de parler de tout excepté de l'Algérie !

Comment l'opportunité des décrets et des réglements n'est pas discutable, pour la presse, lorsque le gouvernement démontre lui-même par la versatilité caractéristique de ses actes qu'il ne pense jamais durant deux années de suite de la même façon ! Lorsqu'on peut citer, comme nous l'avons fait des décrets qui n'ont pas même eu l'honneur d'être appliqués pendant un an, pendant un mois, pendant vingt-quatre heures! Lorsqu'on voit un homme aussi considérable que M. le Maréchal Randon, poursuivre comme ministre de la guerre l'abolition de ce qu'il a édifié de ses mains comme gouverneur genéral!

Comment l'organisation de l'Algérie ne serait pas discutable lorsque le gouvernement la déclare lui-même essentiellement provisoire et la modifie presque périodiquement tantôt dans un sens, tantôt dans le sens tout opposé !

Et qu'on ne croie pas que ce passage de la circulaire de M. de Martimprey n'était qu'une simple menace.

Dès le commencement de l'insurrection de 1864, l'ordre formel d'avoir à s'abstenir de parler de cet événement avait été donné aux journaux. Voici au reste dans quels termes, un de ces journaux, *l'Indépendant de Constantine* en informait ses lecteurs :

« Le gérant de *l'Indépendant* a eu l'honneur d'être appelé aujourd'hui à la préfecture, et on lui a fait connaître que S. Exc. M. le gouverneur général de l'Algérie *avait interdit aux journaux Algériens de s'occuper du mouvement, survenu dans le sud, sous peine d'être poursuivis par les tribunaux.* »

L'*Echo d'Oran* a été à un moment si fortement menacé que son directeur-propriétaire se décida un jour à annoncer à la quatrième page, la vente du journal et à faire paraître une partie du numéro en blanc.

Au reste un excellent document, pour faire comprendre au lecteur et la position qui est faite à la presse en Algérie, et les droits et prérogatives que s'y arroge le pouvoir, c'est l'arrêt suivant rendu le 22 octobre dernier par la cour impériale d'Alger en faveur du journal l'*Indépendant de Constantine* qui avait été condamné par jugement du tribunal de police correctionnelle de Constantine.

Nous croyons devoir reproduire cet arrêt en son entier, mais en soulignant les passages les plus saillants.

Les trois chefs de prévention étaient :

1er CHEF : *D'avoir fait l'apologie des faits qualifiés crimes ou délits par la loi pénale* ;

2e CHEF : *D'avoir cherché à troubler la paix publique en excitant le mépris ou la haine des citoyens les uns contre les autres* ;

3e CHEF : *De diffamation envers les autorités ou administrations publiques.*

ARRÊT.

« La Cour vidant son délibéré conformément à la loi,

« Sur le premier chef adoptant les motifs des premiers juges.

« Sur le deuxième chef :

« Attendu que le fait prévu par l'article 7 de la loi du 11 avril 1848 constitue un délit et non une simple contravention ; que dès-lors il ne suffirait pas qu'il existât matériellement pour entraîner la culpabilité de son auteur ; qu'il faut, en outre, qu'il ait été commis avec une intention criminelle ;

« Attendu que, s'il n'est pas nécessaire qu'il y ait intention spéciale de troubler la paix publique, cette tendance résulte du délit lui-même et en est un élément constitutif ; la justice, pour savoir s'il y a eu délit, peut et doit rechercher s'il y a eu, en fait, intention d'exciter le mépris ou la haine ;

« Attendu que, dans l'espèce, *les critiques sévères contenues dans les articles incriminés contre les chefs indigènes ne font que rappeler des faits et des habitudes mentionnés officiellement et plus sévèrement encore dans plusieurs circulaires du Gouverneur général, dans des discours prononcés devant les grands Corps de l'Etat, dans des brochures nombreuses émanées d'anciens fonctionnaires ;*

« Que, dans ces circonstances, *la bonne foi de l'auteur* de ces articles, *discutant une thèse relative au mode d'administration des indigènes, n'est pas douteuse, et qu'on ne peut en tirer cette conséquence qu'il a eu intention d'exciter la haine et le mépris du peuple arabe contre ses chefs ;*

» *Que d'ailleurs, en fait, à raison de la situation particulière dudit peuple arabe, de son ignorance complète de notre langue et de l'état d'insurrection dans lequel le pays se trouvait déjà depuis trois mois, lorsque ces articles ont paru, il est difficile d'admettre qu'ils aient pu même être connus des indigènes et exercer sur eux la moindre influence:* qu'une pareille discussion n'offrait donc en réalité aucun danger sérieux au point de vue de la prévention ;

» Qu'ainsi le délit d'excitation à la haine et au mépris n'est point établi.

» Sur le troisième chef :

» Attendu que dans les divers documents législatifs où il est question des chefs indigènes, *il n'existe aucune disposition de nature à leur conférer soit par leur titre ou leur organisation, soit par leurs attributions, la qualité d'autorités* ou administrations publiques dans le sens de la loi du 25 mars 1822 ;

» Qu'ils ne peuvent être considérés *que comme de simples agents chargés,* par délégation et sous la surveillance des autorités françaises, de l'exécution des mesures concernant l'administration des indigènes ;

» Que, dans tous les cas, ce n'est pas l'autorité publique considérée d'une manière générale qui a été attaquée en eux dans les articles incriminés, mais bien la personne même des agents qui en seraient revêtus et pour des faits individuels ;

» Que, sous ce rapport encore, l'article 5 de la loi du 25 mars 1822 ne serait pas applicable à l'espèce ;

» Attendu que les chefs indigènes étant seulement agents de l'autorité, le fait dont s'agit au procès tombe dès-lors sous l'application de l'article 5 de loi du 26 mai 1819.

» Qu'aux termes de cet article, la plainte de la partie lésée est indispensable pour que des poursuites soient exercées.

« *Qu'il n'existe dans la cause aucune plainte d'aucun chef indigène ;*

« *Qu'il a été produit, il est vrai et pour la première fois devant la Conr, une lettre de M. le Gouverneur général appelant l'attention du Ministère public sur les articles incriminés ;*

« *Mais qu'en pareil cas* c'est de la partie qui se reconnaît personnellement offensée que doit émaner la plainte *et non d'un chef politique ou administratif, alors surtout, comme dans l'espèce, qu'il ne s'agit pas d'un chef de service spécial, mais d'une autorité supérieure ayant action sur tous les services administratifs de l'Algérie sans distinction ;*

« Que, dans l'espèce et à défaut de cette plainte spéciale, l'action publique n'est donc point recevable en l'état ;

« Par ces motifs :

« Sans s'arrêter à l'appel du ministère public et faisant droit au contraire à celui des prévenus.

« Sur les deux premiers chefs confirme le jugement dont est appel ;

« Sur le troisième chef, infirmant, renvoie Guillon et Chouillet des poursuites dirigées contre eux sans dépens.

« Fait et prononcé, etc., etc. »

Est-il nécessaire de dire que le ministère public s'est pourvu en cassation contre cet arrêt ? Il ne pouvait en être autrement lorsque la Cour impériale d'Alger a cru ne pas devoir tenir compte dans son arrêt, de la « *lettre de M. le Gouverneur général appelant l'attention du ministère public sur les articles incriminés.* »

CHAPITRE SIXIÈME.

RÉSUMÉ GÉNÉRAL.

I.

RÉSUMÉ.

Il y a trois ans à peine la situation de l'Algérie n'était que très tendue, mais du moins l'espoir de se voir octroyer dans un délai prochain, la constitution qu'ils attendent, soutenait nos Colons, et la sécurité dont jouissait le pays permettait au gouvernement de temporiser.

Alors, parut une brochure anonyme qui, si elle ne fut pas inspirée par le régime militaire lui-même, était du moins, ainsi que l'ont montré les évènements qu'elle a produits, l'impression exacte des tendances de ce régime.

Cette brochure a été la cause plus ou moins immédiate et directe:

1° D'un émoi et d'un malaise considérables pour la population française de la Colonie.

2° D'une lettre de l'Empereur qui a eu un grand retentissement et qui n'eut certainement pas été écrite si on eut pu prévoir que les Arabes devaient se soulever en grande partie en 1864.

3° Enfin de l'édiction d'un sénatus-consulte qui a immobilisé les terres entre les mains des Indigènes, les mettant ainsi plus que jamais dans l'impossibilité de pouvoir recourir au crédit, dont ils ont impérieusement besoin, et fermant la porte de l'Algérie à l'émigration qui devrait au contraire être appelée par tous les moyens possibles. Et cela pourquoi? Pour donner aux Indigènes des droits moins réels et surtout moins immédiats que ceux que leur conférait une loi: la loi de 1851, et pour mettre un terme à l'application d'une mesure, le cantonnement, qui n'était dûe qu'à l'initiative de l'autorité militaire et qui n'avait été autorisée par aucun acte du gouvernement métropolitain!

Cependant le sénatus-consulte est rendu. On serait en droit de croire qu'après un tel sacrifice des intérêts de l'état et de nos Colons, fait à l'intérêt arabe, la paix est plus que jamais assurée, ainsi que le déclarent au reste hautement les autorités militaires.

Il n'en est rien.

Au commencement de 1864 éclate une insurrection qui d'abord partielle, prend bientôt de gigantesques proportions.

Tout est mystère dans les débuts de cette insurrection qui a pour première conséquence d'imposer à la presse locale un plus profond silence que jamais.

Arrive alors une réorganisation de l'Algérie. On croirait qu'inspirée par les évènements du moment elle doit viser à relever le moral doublement abattu de nos Colons.

Il n'en est encore rien.

Loin de là, elle a pour but de réduire l'étendue du territoire civil, où cependant aucun fait regrettable ne s'est produit; d'augmenter plus que jamais l'importance de l'autorité militaire au détriment de l'autorité civile; enfin de donner une nouvelle marque d'intérêt aux indigènes en les appelant à participer dans de grandes proportions à la composition des conseils généraux. En d'autres termes, tandis que c'est le régime militaire qui compte un insuccès, c'est l'autorité civile qui est amoindrie, et tandis que c'est la population indigène qui est là cause de cet insuccès, c'est l'élément Européen qui est mécontenté.

On pourrait croire que cet accroissement de puissance donnée au régime militaire et cette nouvelle satisfaction donnée à l'élément indigène facilitent du moins la compression de l'insurrection.

Nullement.

L'insurrection, qui était, disait-on, complètement étouffée, renaît immédiatement plus vigoureuse que jamais.

Mais qu'a donc fait ce régime militaire dans le passé pour inspirer une confiance capable de résister à de si rudes épreuves?

Rien qui indique un plan arrêté, rien qui annonce l'existence d'une unité d'impulsion et encore moins d'une communauté d'action; rien qui ne dénote le manque de tact politique, l'incapacité en matière d'administration; rien que des actes s'annulant les uns les autres, sans profit pour nous et plus tyranniques les uns que les autres pour les indigènes.

Mais alors qu'est-ce qui s'oppose à ce que le régime

militaire, régime essentiellement provisoire, cède enfin la place au régime civil ; ne voyons-nous pas que, tandis que ce régime armé de pouvoirs sans limites et appuyé d'une armée de 60,000 hommes, n'a pu ni prévenir ni arrêter une insurrection sur son territoire, un fantôme de régime civil, sans influence réelle, sans moyens extraordinaires d'action a su maintenir la paix sur le sien?

Un seul intérêt et un seul obstacle ont jamais été mis en avant comme s'opposant à la substitution du régime civil au régime militaire.

L'intérêt, c'est celui de l'armée.

L'obstacle, c'est la population indigène.

Or, nous avons vu que c'est dans un sens bien opposé que l'intérêt de la véritable armée, de l'armée militante, se trouve engagé en Algérie. Nous avons vu que l'état de choses actuel est pour cette armée un sujet sérieux de mécontentement dans le présent.— en ce qu'il a pour effet d'ouvrir une large porte au favoritisme.— et de graves inquiétudes pour l'avenir — en ce qu'en réservant presque tous les hauts grades (1) aux militaires-administrateurs d'aujourd'hui il ne peut conduire qu'à deux conséquences également fatales à ses intérêts, soit que ces futurs généraux montrent de très-médiocres ou tout au contraire de très-hautes capacités—. En effet, dans le premier cas les chefs, faisant la valeur des armées, la

(1) Déjà presque tous les commandants des colonnes expéditionnaires qui opèrent contre les Arabes, sont des élèves des bureaux arabes. En effet M. le général Deligny, MM. les colonels Beauprête, Marguerite, Pichot, Chauzy, Séroca, Lapasset et autres, n'ont pas d'autre origine militaire.

nôtre se verra descendre de la hauteur où elle est parvenue ; et dans le second, le principe fondamental de son existence, *la nécessité de la permunence des cadres*, sera anéanti, puisqu'il sera établi qu'il suffit de passer deux années à Saint-Cyr pour être toujours apte à faire, à un moment donné, un bon capitaine, quelle que soit d'ailleurs la carrière qu'on ait suivie dans l'intervalle.

Et en ce qui concerne les Arabes nous avons vu qu'ils ont, quant à eux, bien prouvé en subissant sans murmure des mesures cent fois plus inquiétantes que ne le serait la radicale application de nos institutions, que nul peuple n'est mieux préparé qu'eux à subir une transformation. Nous avons vu que les Arabes sont mal armés, complètement désunis, incapables d'offrir une résistance sérieuse ; qu'ils n'ont ni chefs pour les diriger, ni sentiment de nationalité, ni fanatisme religieux pour leur servir de drapeau ; qu'ils sont pauvres ; qu'ils ne trouvent leur existence au jour le jour que dans les produits de la terre ; qu'ils recherchent la paix et qu'enfin ils appellent bien plutôt qu'ils ne repoussent nos institutions, ces institutions pouvant seules améliorer leur misérable sort.

Mais alors si le régime militaire c'est l'anarchie — et c'est bien en effet une anarchie, puisque c'est la volonté différente d'hommes se succédant rapidement et agissant sans entente commune, substituée à la rigidité des institutions — si la force que donne cette anarchie ne peut même pas assurer la tranquillité de l'Algérie, si rien pas même l'armée ne réclame le maintien d'un état de choses laissant à désirer à tant d'égards, si la population indigène n'éprouve aucune antipathie pour nos institutions, que doit-on en conclure ?

II.

CONCLUSION.

Le régime militaire est condamné, et il est urgent et possible à la fois de lui substituer immédiatement le régime civil, telle est la seule conclusion à tirer d'un impartial examen de la question algérienne.

Le régime militaire est condamné, parce que l'expérience n'a que trop démontré qu'un officier n'est pas plus apte à administrer qu'un préfet ne serait apte à commander un corps d'armée.

La substitution immédiate du régime civil est urgente parceque la nouvelle situation faite par la dernière insurrection, les inimitiés qu'elle a créées entre les populations et l'irritation qu'elle a dû indubitablement provoquer chez les militaires-administrateurs, appellent un prompt et énergique remède.

Enfin cette substitution est possible parce que les Arabes ont montré par la facilité avec laquelle ils ont accepté des transformations bien plus criantes et bien moins rationnelles que ne le serait une transformation radicale mais unique et définitive, que ce ne sont pas les réformes qui les poussent à l'insurrection.

Cependant il est possible qu'on persiste à ne pas comprendre la véritable situation et les véritables intérêts tant des populations indigènes que de l'armée et qu'on maintient à de légères modifications près l'état de choses actuel, alors.........

Alors tant pis pour les Arabes, tant pis pour nos Colons, tant pis pour notre commerce et notre industrie, tant pis pour l'émigration, mais tant pis surtout pour les conservateurs qui, inintelligents amis du pouvoir, ne craignent pas, tandis que l'armée leur semble l'indispensable garant de l'ordre public, d'initier cette armée, par le rôle qu'ils lui laissent en Afrique, aux excitations de la vie politique, car, dans dix ans, les administrateurs Algériens d'aujourd'hui seront à la tête de l'armée, et alors l'armée ne sera plus l'instrument docile du pouvoir, mais une armée habituée à discuter les ordres, raisonnant ses actes et ayant ses opinions politiques ! (1)

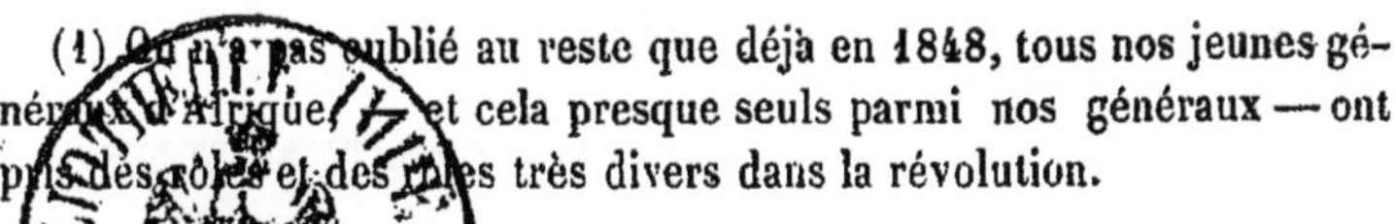

(1) On n'a pas oublié au reste que déjà en 1848, tous nos jeunes généraux d'Afrique, — et cela presque seuls parmi nos généraux — ont pris des rôles et des rôles très divers dans la révolution.

FIN.

TABLE DES MATIÈRES

FIN DE LA TABLE.

Arras, imp. Schoutheer, rue des Trois-Visages, 53.

www.ingramcontent.com/pod-product-compliance
Ingram Content Group UK Ltd.
Pitfield, Milton Keynes, MK11 3LW, UK
UKHW020145220726
13923UKWH00001B/376

9 782019 252823